Ferdinand Johann Wiedemann

Das Evangelium des Matthäus in südkarelischer Mundart

Ferdinand Johann Wiedemann

Das Evangelium des Matthäus in südkarelischer Mundart

ISBN/EAN: 9783744796309

Printed in Europe, USA, Canada, Australia, Japan

Cover: Foto ©Lupo / pixelio.de

More available books at **www.hansebooks.com**

Das Evangelium

des

Matthäus

in süd=karelischer Mundart,

revidirt von

F. J. Wiedemann.

London. 1864.

We certify that only 250 copies of this work have been printed, of which one is on thick paper.

STRANGEWAYS & WALDEN,
Castle Street, Leicester Square.

MATVEISTA SVJATOI JOVANGELI.

I. Piä.

KIRJA šündü-ruohtinan rodu-kundua, Davidan pojan, Avruaman pojan.

2 Avruama šai Isaakan, Isaaka šai Juakovan, Juakova šai Iudan i hänen vellet;

3 Iuda šai Faresan i Zuaran Famarašta, Faresa šai Esroman;

4 Esroma šai Aruaman, Aruama šai 'Aminaduavan, Aminaduava šai Naassonan, Naassona šai Salmonan;

5 Salmona šai Voozan Rahuavašta, Vooza šai Ovidan Rûfašta, Ovida šai Jessein;

6 Jessei šai kuningahan Davidan, kuningaš Davida šai Solomonan Urian omašta;

7 Solomona šai Rovouaman, Rovouama šai Avein, Avei šai Asan;

8 Asa šai Josafatan, Josafata šai Joruaman, Joruama šai Ozein;

9 Ozei šai Joafuaman, Joafuama šai Ahuazan, Ahuaza šai Ezekein;

10 Ezekei šai Manassein, Manassei šai Amonan;

11 Amona šai Josein, Josei šai Jehonein i hänen vellet Vavilonan elündäh.

12 Mändüö Vavilonah Jehonei šai Salafiilan, Salafiila šai Zorovuavelan;

13 Zorovuavela šai Aviudan, Aviuda šai Eliakiman, Eliakima šai Azoran;

14 Azora šai Sadokan, Sadoka šai Ahiman, Ahima šai Eliudan;

15 Eliuda šai Eleazuaran, Eleazuara šai Matfanan, Matfana šai Juakovan;

16 Juakova šai Muarien miehen Osipan, i Muariešta šündü Jīsus toizin Kristos.

17 Kaiki šünnünnät Avruamašta Davidah šua šünnündiä neljä toista kümmendä; a Davidašta Vavilonan elündäh šua šünnündiä neljä toista kümmendä; a Vaviḷonan elännäštä šündü-ruohtinah šua šünnündiä neljä toista kümmendä.

18 S'ündü-ruohtinan šünnündä näin oli: kuin jo oli kihlotu hänen muamo Muarie Osipala miehelä, i vielä

ühešä hüö ei eletü, piädü hiän kohtuzena, pühä-hengeštä.

19 Hänen mieš Osipa oli jumalan varaja; ei tahton tädä luadie kūlovila, a tahto peitokali händä laškie.

20 Kuin hiän tädä pidi mielešä, ožutīh hänelä unisa jumalan angeli i šano: Osipa Davidan poiga, älä varaja ottua Muarieda šiun naista; hänešä on šündünüt pühähengeštä.

21 S'uav uroš-lapšen, i nimen panet hänelä Jīsus; že piäštäv omat inehmizet hīan riähistä.

22 Tämä kaiki tuli, ana liev jumalan šanala, kuin hiän šano prorokan kauti:

23 Ka tüttö kohtuvduv i šuav pojan i pannah nimen hänelä Emmanuila, mi šanuotšov "mīän kena jumala".

24 Noužtuo Osipa nīn i luadi, kuin käški hänelä jumalan angeli; i otti Muarien oman naizen.

25 I ei händä tiedän, kuni hiän šai oman enži-pojan, i nimen pani hänelä Jīsus.

II. Piä.

KUIN šündü Jīsus Iudejan linnaša Vifleemaša kuningahan Irodan päivinä, ka tuldih päivüzen noužuolda tiedäjät Jerusalimah, i paistih:

S. MATVEI.

2 Missä on šündünüt Iudejoin kuningaš? näimä müö hänen tähtie päiväzen noužu-rannaša, i tulima hänelä kumarduatšomah.

3 Tümän kūluštahuo Iroda hädevdü i hänen kena kaiki Jerusalima.

4 I keräi kaiki vanhimmat pappilissošta da rahvahašta kirja-miehet i toimiti heildä: missä šündüv Kristos?

5 Hüö šanotih hünelä: Iudejan Vifleemaša, nīn on prorokašta kirjotetu:

6 I šie, Vifleema Iudan mua, ni millä et uo pienembi Judan vanhimmila; šiušta lähtöv vanhin, kumbane paimennutav miun inchmizet Izruaelin.

7 S'illoin Iroda kutšu peitokali tiedäjät i toimiti heildä, kuh aigah tähti ožutīh.

8 I tüöndühüö hīät Vifleemah šano: mängiä tüö, i hüväzešti tīuštakua šündüjäh nähü, i kuin tüö löüvätä hünen, šanokua miula, i mie lähen hänelä kumarduatšemah.

9 Kūnneldih hüö kuningašta i lähteih; i ka tähti, kummasta nähtih päiväzen noužu-rannaša, hīän iešü šīrdiüliietšīh, kuni ei tulduo šeizavdun žen paigan piälä, missä oli šūri-šündü.

10 Nähtüö, tähti pietü, ülen äijäldi ihaššutih;

II. PIÄ.

11 I mändüö huonchukšeh, nähtih šūri-šünnün hänen muamon Muarien kena, i muah šua hänelä kumarduatšetih, i avattuo hänelä omat takat lahjotih händä kullala, luadonala i voidiela.

12 I unisa oli heilä šanotu ei münnä jürelä Irodan luo, i hüö lähteih toista tiedä müöt omah randah.

13 Hïän lähtehüö, ka jumalan angeli ožutīh Osipala unisa i šano: noužtuo ota šūri-šündü i hänen muamo i pagene Egiptah, i ole šielä, kuni en šano šiula; tahtov Iroda etšie lašta i händä tappua.

14 Noužtuo otti hiän šūri-šünnün i hänen muamon üölä, i läksi Egiptah;

15 I oli šielä Irodan šurmah šua, ana liev jumalan šanua müöt prorokašta šanotuo: Egiptašta kutšuin oman pojan.

16 S'illoin nähtüö Iroda, jotto tiedäjät händä vain nagrokši otetih, ülen äijäldi šiändü, i tüöndähüö tappo kaiki lapšet Vifleemašta i hänen ümbärissäldä kakšivuodizet i nuoremmat šidä aigua müöt, kuin toimiti tiedäjistä.

17 S'illoin tuli prorokan Jeremein šanala:

18 Iäni kūlu Ruamaša, itku i ohkanda i rüngümine šūri; Rahila itki omie lapšie i ei tahton heitiä itendiä, jotto heidä evle.

S. MATVEI.

19 Irodan kuolduo ka jumalan angeli unisa ožutīh Osipala Egiptaša,

20 I šano: noužtuo ota šūri-šündü i hänen muamo i mäne Izruaelin muah; kuoldih hänen hengen etšijät.

21 Hiän noužtuo otti šūri-šünnün i hänen muamon, i tuli Izruaelin muah.

22 Kūluštahuo, jotto Arhelai istu kuningahakši oman tuaton Irodan šiala Iudejaša, varai šinne männä; unda müöt mäni Galilejan randah.

23 I mändüö rubei elämüh linnaša nimie müöt Nazarietaša, ana liev prorokan šanala: Nazoreiksi nimitiätšöv.

III. Piä.

NĪNÄ päivinä tuli rissitäjä Ivana, šaneli Iudejan šaloša,

2 I pagizi: šanokua riähät, läheni taivaš-kuningahuš.

3 Tämä i on že, kenen nähä proroka Isaija nīn šano: iäni mögizijän šaloša: valmistakua jumalan matka, oieudakua hänen tiet.

4 A itšelä Ivanala oli vuatie verbljūdan villoista, i vüötiätšen oli nahkazela vüölä šivuloja müöt; šüömine hänen oli tihet i metšä-mezi.

III. PIÄ.

5 S'illoin küüdih hänen luo Jerusalimašta i kaikešta Iudejašta i kaikista paigoista Jordanua müöt,
6 I häneštä rissitiätšetih Jordanaša šanohuo omat riähät.
7 I kuin nägi Īvana äijie Farisejoista i Saddukejoista tulomaša hänen luo rissitiätšömäh, pagizi heilä: vaškiritšan kannetut, ken teilä šano puata tulovašta šiännünnäštä?
8 Nīn tuogua šualehet tīän kohennušta,
9 I älgïä pidäkiä tīän mielešä: meilä tuato on Avruama. S'anon teilä, voit jumala näistä kivilöistä luadie Avruamala pojat.
10 Jo i kirveš pūn jūriloila venüv; jogo pū, kumbazešta ev hüviä eineštä, leikuatšov i tuleh panuotšov.
11 Mie rissitän teidä veellä tīän kohennukšekši; miun jälesti tulija on vägövembi milma, kumbazen jalatšiloja kandua mie en makša, že tīät rissitäv pühähengelä i tulela.
12 Hänelä käzisä on labie, i puhaštav oman guomenon, i keriäv oman vehnän aitah, a rūmenet poltav šammutamatomala tulela.
13 S'illoin tuli Jīsus Galilejašta Īvanan luo Jordanala häneštä rissitiätšömäh.

14 Īvana kieldi händä i pagizi: miula pidäv šiušta rissitiätšie, i šie go miun luo tulet?

15 Vaštah šano hänelä Jīsus: nämä paginat nüt jätä; nīn pidäv meilä luadie jogo totta. S'illoin händä kūndeli.

16 I rissitiätšehüö Jīsus kuin nouži veeštä, ka avavutih hänen tüh taivahat, i nägi Īvana pühä-hengie tulomaša kuin guljusta i hänen piälä heitiätšömäšä.

17 Nīnže kūlu iäni taivahašta: tämä on miun armaš poiga, händä vaš hüvä olen.

IV. Piä.

S'ILLOIN šuatetu oli hengeštä Jīsus šaloh djuavolin muanitamizen tüh.

2 I pühitähüö neljä kümmendä päiviä i neljä kümmendä üödä jälgi-perilä nällüštü.

3 I tuli hänen luo pahalane i šano: kuin šie olet jumalan poiga, kässe näilä kivilöilä mūtuo leiviksi.

4 Hiän vaštah šano: on kirjotetu: ei ühelä leivälä elä inehmine, a jogo šanala jumalan šūšta lähtenüölä.

5 S'illoin otti hünen djuavoli svjatoih linnah, i šeizati kirikön katokšela.

IV. PIÄ.

6 I šano hänelä: kuin šie olet jumalan poiga, langie alahakši; kirjotetu on: käsköv omila angeliloila šäilütiä šilma, i hüö käzilöilä šiun otetah, ana ei šattuatše kiveh šiun jalga.

7 S'ano hänelä Jīsus: tuaš on kirjotetu: et muanita herrua šiun jumalua.

8 Vielä otti hänen djuavoli ülen korgiela gorala, i ožuti hänelä kaiki mua-ilman rannat i hīän kaunehuon.

9 I šano hänelä: nämä kaiki šiula annan, vain muah šua miula kumarduatše.

10 S'illoin šano hänelä Jīsus: pois miušta mäne, sotona! on kirjotetu: herrala šiun jumalala kumarduatše i šidä ühtä kūndele.

11 S'illoin jätti hänen djuavoli, i angelit tuldih händä kūndelomah.

12 Kūluštahuo Jīsus, jotto šivotih Īvanan, läksi Galilejah.

13 I hülgäi Nazarietan, i mäni elämäh merdä vaš Kapernaumah, Zavulonan i Neffaliman rannoisa.

14 Ana liev prorokan Isaijan šanala, kuin hiän šano:

15 Zavulonan mua i Neffaliman mua, meri-tie šillä puolela Jordanua, Galileja-rahvahan,

16 Inehmizet pimiešä istujat nähtih šūren valgien,

i istujila šurma-rannaša i šurman kuvahazeša, valgie ožutīh heilä.

17 S'ieldä rubei Jīsus šanelomah i pagizomah: kohendukua, läheni taivaš-kuningahuš.

18 Kävelešä Galilejan meri-randua müöt nägi kahta velleštä, Simonua toizin Pedrie da hänen vellie Ondreida, luokšemaša merdoja mereh; oldih hüö kalan pu̇däjät.

19 I šano heilä: aštukua miun jälesti, i mie luain tīät inehmizien pu̇däjiksi.

20 I hüö šidä kerdua hülätih merrat i hänen jälesti lähteih.

21 Lähtehüö šieldä nägi hiän toizie kahta velleštä, Zevedein Juakovua da hänen vellie Īvanua, tuaton kena Zevedein, kohendamaša omie merdoja, i hīüt kutšu.

22 I hüö šidä kerdua hülätih venchen i oman tuaton, i hänen jälesti lähteih.

23 I käveli Jīsus kaikie Galilejua müöt, i opašti rahvahaša, šaneli taivaš-jovangelie, i jogo tauvešta i jogo kivušta inehmizie piüšti.

24 I kaikie Sirijua müöt rubei hiän kūlovila olomah; i tuodih hänen luo kaiki voimatomat, kaiken-ualazisa taudiloisa i kiduloisa venüjät i lembolazet i kūn mūteila piekšiätšijät i hermatomat, i hīüt tervehüti.

V. PIÄ.

25 I hänen jälesti käveli äijä rahvašta Galilejašta i kümmeneštä linnašta i Jerusalimašta i Iudejašta i toizelda puolelda Jordanua.

V. Piä.

NÄHTÜÖ Jīsus rahvahan nouži gorala; i kuin hiän istuotšīh, lähendiätšetih hänen luo hänen opaššetavat,

2 I rubei itšcštä nīn heidä opaštamah:

3 Ožakahat keuhet hengelä, hīän on taivaš-kuningahuš;

4 Ožakahat itkijät, hüö käržütäh;

5 Ožakahat tünet, hīän liev mua;

6 Ožakahat toven tahtojat i šuvatšijat, hüö külläššütäh;

7 Ožakahat kaikila hüvän luadijat, heilä itšelä hüvä liev;

8 Ožakahat puhtahat šiämelä, hüö jumalua nähäh;

9 Ožakahat šovinnon luadijat, hüö nimitiätšetäh jumalan pojiksi.

10 Ožakahat oigiešta šüin porotetut, hīän on taivaškuningahuš.

11 Ožakahat tüö oleta, konža haugutah teidä i po-

rotetah i jogo pahan šanan miun täh tīän piälä ažetetah.

12 Ihaštukua tüö i hüvin mielin olgua, šūri teilä on palka taivahaša; nīn ollah porotetut prorokat, kumbazet ielä teidä oldih.

13 Tüö oleta muan šuola; kuin rikkuotšenov šuola, millä šuoluatšov? ni midä ei rubie šilloin makšamah, a vain pois hänen kuatah i jaloila tallavduv.

14 Tüö oleta ilman valgie; ei voi peitiätšie linna gorala šeizatetu.

15 Ei go viritetä tuohušta i kattien alla panna, a ülähäkši, ana palav kaikien täh, ket ollah taloša.

16 Nīn valguokah tīän valgie inehmizien iešü, jo ana nähtäis tīän hüvät ažiet i kītetäis tīän tuatuo, kumbane on taivahaša.

17 Älgiä go pidäkiä mielešä, jotto mie tulin rikkomah zakonua ali prorokoja; en tullun rikkomah a täütämäh.

18 Amin šanon teilä, terümbieh taivaš i mua-ilma häviev, a ei hävie üksi tähüš ali üksi pīritüš zakonašta, kuni kaiki ei luadietše.

19 Ken rikkonov ühen näistä pienistä käššennöistä i nīn opaštanov inehmizie, pienin liev taivaš-kuningahuoša; a ken luadiv i opaštav, žen šūrekši pannah taivaš-kuningahuoša.

V. PIÄ.

20 S'anon teilä, kuin tfän oigehuš ei iene šūrembi kirja-miehien da Farisejoin oigehušta, että liene taivaškuningahuoša.

21 Kūlija tüö, mi oli šanotu ennen eläjilä: älä tapa; ken tappanov, že viäritiätšöv vanhimman iešä.

22 A mie šanon teilä: jogohine, ken tühjäštä toista vihuav, viärä on vanhimman iešä; ken toista virkanov "raka", viärä on rahvahan iešä; a ken toista šanonov umbi-tuhmakši, šidä on mistä šüin panna tulizeh geennah.

23 Kuin šie tuonet oman lahjan oltarin edeh i šīnä muissutat, jotto toine pidäv šiun piälä midä ni olgah,

24 Jätä ših oma lahja oltarin edeh i mäne ielä, luai šovindo toizen kena, i šilloin anna oma lahja.

25 Luai terväh oman vihazniekan kena šovindo, kuni olet hänen kena mataša, ana ei šuata šilma šiun vihaznieka vanhimman luo, i vanhin šiun andav toizela, i pandu lienet raudoih.

26 Amin šanon šiula: et šieldä piäze, kuni et anna jälgimästä kodrantua.

27 Kūlija, mi oli šanotu ennen eläjilä: älä luai toizen naiz-inehmizen kena pahua.

28 A mie šanon teilä: jogohine, ken katšahtav toi-

zen naizen piälä i mielešä pidäv pahua, že jo luadi pahan omala hengelü.

29 Kuin šiun oigie šilmä šilma pahah šuatav, pissä pois i luo itšeštü; parembi šiula on, ana häviev mi olgah šiun hibieštä, a ei kaiki šiun hibie ois luoduna tuli-geennah.

30 I kuin šiun oigie käzi pahah šilma šuatav, leikua i luo itšeštü; parembi šiula on, ana häviev mi olgah šiun hibieštä, a ei kaiki šiun hibie ois luoduna tuli-geennah.

31 Oli šanotu; ken laškenov itšeštü oman naizen, andakah hänelä lašku-kirjan.

32 A mie šanon teilä: jogohine, ken laškov oman naizen vain ei pahan luadimon tüh toizien kena, itše šuatav händä pahah, i ken laškietun ottav, pahua luadiv.

33 Vielä kūlija, mi oli šanotu ennen eläjilä: et valehukšeh vannuotše, a makša jumalala oman vannuotšennan.

34 A mie šanon teilä ni kuin ei vannuotšie,

35 Ei go taivahala, hiän on jumalan šia; ei go muala, hiän on aluštana hänen jaloila; ei go Jerusalīmala, hiän on šūren kuningahan linna.

V. PIÄ.

36 Älä go vannuotše omala piälä, et šie voi ühtä tukkua valgiekši ali muštakši mūtua.

37 Olgah tämä teilä šana: nīn nīn, ei ei. A mi līgua virkuatšov, že jo on kehno.

38 Kūlija tüö, mi oli šanotu: šilmü šilmästä i hammaš hambahašta.

39 A mie šanon teilä ei vaštata pahua; a ken iskenöv šilma šiun oigieh nägöh, kiänele hänelä toine;

40 I ken tahtonov šiun kena hoppuotšie i kiskuo šiulda vuatien, anna hünelä i šoba;

41 I ken ottanov vägeh šilma viršan aštuo, mäne hänen kena kakši.

42 Ken pakkuov šiulda, anna šillä, i ken tahtov šiulda velakši ottua, älä hülgiä šidä.

43 Kūlija, mi oli šanotu: šuvatše omua lähehistä, a vihaznickua älä šuvatše.

44 A mie šanon teilä: šuvakua omie vihazniekoja, hüviä luadikua pahan tahtojila teilä i kumarrelgua pahan luadijista teilä i tīän porotajoista;

45 Ana lienetä tīän taivahalizen tuaton pojat, kumbane paistav päivästä hüvien i pahojen täh, i laškov vihmua oigeila i riähkäbizilä.

46 Kuin šuvaneta tīän šuvatšijoja, mītüš teilä palka? ei go i mitarit šidä luaita?

47 I kuin šebiületä vain tīän pühä-velilöjä, min līgua luaita? ei go i vierotomat šidä luaita?

48 Nīn olgua tüö žen hüvühüöt, min hüvähüš on tīän taivahaline tuato.

VI. Piä.

KATS'OKUA, älgiä andakua pakkuojazila rahvahan aigana, ana teidü nähtäis; a kuin ei nīn, ei liene palkua tīän tuatošta, kumbane on taivahaša.

2 A konža šie annat pakkuojazila, älä lašše kūlovila, kuin luaitah vīžahat rahvahaša i pihoila, ana toizet kītetüis heidä; amin šanon teilä, otetah oman palgan.

3 A šie konža annat pakkuojazila, nīn luai, ana ei tiedäis šiun važamie käzi, min andav oigie.

4 Ana šie annat pakkuojazila peitoša, i šiun tuato nähtüö peitoša, makšav šiula šilmisü.

5 I konža kumardelet, älä luai nīn kui vīžahat; hüö rahvahaša i tie-šuaroila šeizuosa šuvatah kumarrella, ana toizet nähtüis; amin šanon teilä, jotto otetah oman palgan.

6 A šie konža kumardelet, müne omah aitah, šalbua ovi i kumardele omala tuatola peitoša, i šiun tuato nähtüö šilma peitoša makšav šiula šilmisü.

VI. PIÄ.

7 Kumarrelleša älgiä līgua paiskua kuin vierotomat.

8 Hüö mielešä pietäh, jotto äijän pagizennan täh jumala kūluštav, älgiä olgua muozet; tiedäv tīän tuato, midä teilä pidäv ielä tīän pakkuondua.

9 Nīn tüö kumarrelleša lugiekua: tuato mīän, kumbane olet taivahaša, hüvitiätšekäh šiun nimi;

10 Tulgah šiun kuningahuš, olgah šiun vällä kuin taivahaša nīn i muala;

11 Hengen pideiksi leibiä anna meilä aino;

12 I jätä meilä mīän velat, kuin i müö jättälemä mīän velganiekoila;

13 I älä šuata meidä vaivah, a piäššä meidä pahašta; šiun on kuningahuš i vägi i kaunehuš ijin igäh. Amin.

14 Kuin jättäletä inehmizilä hīän viärükšet, jättäv i teilä tīän taivahaline tuato;

15 A kuin että jättäle inehmizilä hīän viärükšie, i tīän tuato ei jätä teilä tīän viärükšie:

16 A konža pühitätä, älgiä olgua kuin vīžahat tuškevdunuot; hüö muššennetah omie nägölöjä, ana toizet nähtäis heidä pühitämäšä; amin šanon teilä, otetah oman palgan.

17 A šie pühitiäsä voia oma piä i peže omat nävöt,

18 Ana toizet ei nähtäis šilma pühitämüšä, a vain peitoša šiun tuato; i šiun tuato nähtüö peitoša makšav šiula šilmisä.

19 Älgiä šiäštäkiä itšen täh eluo muala, missä mado i rieta šüöv, i missä varaštajat kaivetah i vīäh;

20 A šiäštäkiä itšen täh eluo taivahaša, missä ei go mado ei go rieta šüö, i missä ei go varaštajat kaiveta i vīä.

21 Missä on tīän elo, šielä liev i tīän hengi.

22 Hibien valgie on šilmä; kuin šiun šilmä liev puhaš, kaiki šiun hibie liev valgie;

23 A kuin šiun šilmä liev paha, kaiki šiun hibie liev pimie. Kuin valgie, mi on šiuša, on pimie, midä enämmäldi pimie?

24 Ni ken ei voi kahta izändiä kūnnella; ühtä rubiev šuvatšomah, a toista ei; ühtä rubiev pidälietšömäh, a toista algav vuardua; että voi jumalua kūnnella i mamonua.

25 Z'en täh šanon teilä: älgiä huoluštalietšekua oman hengen täh, midä šüvvä i midä juvva, ei go oman hibien täh, midä piülä panna; ei go hengi šūrembi ole šüömištä i hibie vuatieda?

26 Katšahtakua lendäjien linduloien piälä, hüö ei go

VI. PIÄ.

külvetä ei go leikata ei go aitoih kerätä, i tïän taivahaline tuato šüötäv heidä; että go tüö ole üijü paremmat heidä?

27 I ken teistä huolova huolovana olleša voit omala kažvola ühen vuakšan lizätä?

28 I vuatieh nähü midä pietä huolda? katšokua peldo-kukkie, kuin hüö kažvetah; ei hüö luaita ei go kezrätä.

29 I šanon teilä, i Solomona kaikeša omaša kaunehuoša evlun šuorietšen kuin näistä jogo kukkane.

30 I kuin peldo-heinästä, kumbane nüt vihotav a huomena kiuguah panuotšov, jumala nĭn vuatitšov, ei go äijä enämmäldi teidä, vähä-vierolizet?

31 Nïn älgiä huoleša paiskua: midä rubiema šüömäh, midä juomah, i min piiülä panema?

32 Kaikie neidä vierotomat etšitäh; tiedüv tïän taivahaline tuato, kaikie neidä pidäv teilä.

33 Etšikiä tüö ielä jumalan kuningahušta i hänen totta, i nämä kaiki teilä lietah.

34 Älgiä huoluštalietšekua huomenelizen päivän täh, huomeneline itše huolda pidäv; jogo päivälä on oma huoli.

VII. Piä.

Ä LGIÄ toizie pahotakua, ana i teidä ei ruvetais pahotamah.

2 Kuin toïzien piälä pagizeta, nïn ruvetah pagizomah tïün piälä, i kumbazela vakala mittuata, šillä i teilä mitatah.

3 Midä šie niüt okšasta toizen šilmäšä, a hirtä omaša šilmäšä et niä?

4 I kuin šie šanot toizela "šeizo, ana mie otan šiun šilmäštä okšazen", a omaša on hirži?

5 Vīžaš, ota enžistä omašta šilmüštä hirži, i šilloin rubiet nügömäh okšasta toizen šilmäštä ottua!

6 Älgiä andakua pühie koirila, älgiä go luokšikua omie kallehie kivilöjä šigoila edeh, ana hüö ei tallatais hīät omila jaloila i kiändiätšehüö ei revitetüis teidä.

7 Pakkokua, i anduatšov teilä; etšikiä, i löüvätä; pürikiä, i avavduv teilä.

8 Jogohine, ke pakkuov, že ottav, i ken etšiv, že löüdäv, i ken pürgiv, šillä avavduv.

9 I ken on teistä muone, kumbazelda kuin pakkois hünen poiga leibiä, andais go hiän hänelä kiven?

VII. PIÄ.

10 Ali pakkois kalua, i andais go hänelä zmeja-mavon?

11 Jo kuin tüö olleša pahat mahata hüviä andua omila lapšila, midä enämmäldi tīän taivahaline tuato andav hüviä näilä, ket häneldä pakotah?

12 Kaikie, midä teilä tahotav, ana toizet teilä luaitais, nīn i tüö luadikua heilä; ka täššä zakona i prorokat.

13 Mängiä ahtahah oveh; vällä ovi i levie tie šuatav hävitükšeh, i äijät ollah händä müöt mänijät.

14 A ahaš ovi i pieni tie šuatav eländäh, i vähä on muozie, ket hendä löüvetäh.

15 Vardeilietšekua valehuš-prorokoista, kumbazet käüväh tīän luo lammaš-vuateisa, i šiämešä ollah pattiet hukat.

16 Hīän einehistä hīät tīuštata; otetah go kukopūšta rubähie i takkiehazešta smokvie?

17 Nīn jogo hüvä pū hüvät einehet kažvatav, a paha pū pahat einehet kažvatav.

18 Ei voi hüvä pū pahoja einehie kažvatua, ei go paha pū hüvie einehie kažvatua.

19 Jogo pūn, kumbane ei kažvata hüvie einehie, leikatah i tuleh luokšetah.

20 S'idä müöt hīän einehistä hīät tunnuštata.

21 Ei jogohine mäne taivaš-kuningahuoh, ken pagizov miula "hospodi hospodi", a kumbane nīn eläv, kuin tahtov miun tuato, kumbane on taivahaša.

22 Äijät šanotah miula šīnä päivänä: hospodi hospodi, emmä go müö šiun nimeh tulovua arvualjun, i šiun nimelä lemboloja porotanun, i šiun nimelä äijie vägie luadinun?

23 I šilloin šanon heilä: mie ni konža en tiedän teidä, müngiä pois miušta, riähkih kadunuot!

24 Jogohine, ken kūlov näidä miun paginoja i nīn eläv, panen mie hänen ühen-muozekši mielövän miehen kena, kumbane šeizati oman huonehen kivilöin piälä.

25 I läksi vihma, i tuldih jovet, i noužtih tūlet i ših huoneheže vaštavutih, i ei levin; šeizatetu oli kivilöilä.

26 I jogohine, ken kūlov näidä miun paginoja i ei nīn elä, ühen-muozekši panuotšov hajutoman miehen kena, kumbane šeizati oman huonehen peskula.

27 I läksi vihma, i tuldih jovet, i noužtih tūlet i ših huoneheže vaštavutih, i langei; i lieni šūri hänen leviemine.

28 I kuin loppi Jīsus nämä paginat, dīvuolietšetih rahvaš hänen opaššandua.

29 Hiän opašti heidä kuin vallaline, a ei kuin kirja-miehet (i Fariseit).

VIII. Piä.

KUIN hiän läksi goralda, hänen jälesti aštu äijä rahvašta.

2 I ka kibevdünüt tulduo kumarduatšīh hänelä i pagizi: hospodi, kuin tahtonet, voit šie milma puhtahakši luadie.

3 I nošti Jīsus kiän, koššahutīh händä i šano: tahon, ole puhaš. I šidä kerdua puhaštu häin kibeistä.

4 I šano hänelä Jīsus: katšo, ni kellä älä šano, a mäne, ožutuatše papila i tuo lahja mītüön Moisei käški zakonaša, tiedävökši heilä.

5 Kuin hiän tuli Kapernaumah, tuli hänen luo šuan miehen piälä vanhin, ruguolīh hänelä,

6 I pagizi: hospodi, miun briha tauveša venüv, šiašta ei piäže i äijäldi vaivuatšov.

7 I šano hänelä Jīsus: mändüö mie tervehütän hänen.

8 I vaštah šano hänelä vanhin: hospodi, en mie šidä makša, kuin šie mänizit miun katokšen alla, a vain šana virka, i tervehtüv miun briha.

9 Mie itše olen toizien vallaša, miun vallaša ollah

salduatat; i šanon tällä "mäne", i münöv, i toizela "tule", i tulov, i miun inehmizelä, "luai tämä", i luadiv.

10 Kuluštahuo Jīsus divuolīh i šano hänelä jälesti kävelijilä: amin šanon teilä, i Izruaelisa žen-ütüštü uš-šondua en löüdän.

11 S'anon teilä, äijät päiväzen noužu-i lašku-ranna-šta tullah i šiotuatšetah Avruaman, Isaakan i Juakovan kena taivaš-kuningahuoša;

12 A kuningahuon pojat lietäh porotetut piätömäh pimieh; šielä liev itku i hambahila križautamine.

13 I šano Jīsus vanhimmala: mäne, i kuin šie uš-šoit, nīn šiula liekah. I šidä kerdua hänen briha tervehtü.

14 I tulduo Jīsus Pedrin kodih nägi hänen anopie tauveša, i kuin tulela händä polti.

15 I koššahutīh hänen küttä, i heiti händä poltua; i nouži i rubei hänelä rakaštamah.

16 Ilda-puoleh tuodih hänen luo äijä lembolasta, i šanala ajo lemmot, i kaiki voimatomat tervehüti;

17 Ana liev prorokan Isaijan šanala, kuin hiän šano: že tauvet mīän otti i kivut vei.

18 Nähtüö Jīsus äijä rahvašta itšen ümbäri, käški opaššetavila münnä šillä puolela merdä.

19 I lühendiätšehüö hänen luo üksi kirja-mieš šano

hänelä: opaštaja, mie lähen šiula jälesti, kunne šie lähet.

20 S'ano hänelä Jīsus: reboloila ollah pahnat i lendäjilä linduloila pežot; a inehmizen pojala ev, kunne piädä painaldua.

21 A toine hänen opaššetavista šano hänelä: hospodi, kášše miula enžistä münnä i kätkie omua iziü.

22 Jīsus šano hänelä: aššu miula jälesti, i jätä kuolluzila kätkie omat kuoliet.

23 I kuin hiän müni veneheže, mändih hänen jälesti i hänen opaššetavat.

24 I ka rubei äijäldi tulomah merelä, äššen venehtä voelä katteli; i hiän magai.

25 I lähendiätšehüö hänen opaššetavat noššatetih hänen i šanotih: hospodi, šäilütä mīät, olema häviemäšä.

26 I šano heilä: midä tüö varatšut oleta, vähä-vierolizet?—S'illoin noužtuo virki tüliloila i merelä, i lieni šiä ülen tüni.

27 I rahvaš divuolietšiesä paistih: ken on tämä? tulet i meri händä künnellah.

28 I kuin hiän tuli Gergesinan randah šillä puolela merdä, vaštah tuldih hänelä kakši lembolasta kalmoista

lähtenüöt, ülen pattiet, äššen ei voinun inehmizilä šidä tiedä müöt männä.

29 I ka ravahetih paiseša: mi meilä i šiula, Jīsus jumalan poiga? ennen aigua šie tulit tänne muokuamah meidä.

30 I edähänä heistä oli šūri karja šigoja paimenetavana.

31 I lemmot nīn hänelä ruguolietšetih : kuin šie mīät porotanet, käšše meilä männä šigoien karjah.

32 I hiän šano heilä: mängiä. I hüö pois lähtähüö mändih šigoien karjah, i šidä kerdua kaiki karja luotuatsīh meri-randua müöt mereh i upotih veešä.

33 A paimenet hüpätih, i mändüö linnah kaiki šanotih i lembolazih nähä.

34 I kaiki linna tuli vaštah hänelä; i nähtüö händä ruguolietšetih hänelä männä pois hīän paigoista.

IX. Pīä.

I MÄNDÜÖ veneheže, pois läksi, i tuli omah linnah.

2 I tuodih hänen luo hermatoman, kumbane postelisa venü; i nähtüö Jīsus hīän uššonnan šano hermatomala : älä varaja, poiga, jüttiätšetüh šiula šiun riähät.

IX. PIÄ.

3 I ka muvenet kirja-miehistä mielešä pietih: tämä korov.

4 I tīuštahuo Jīsus hīän mielet šano: min täh tüö pahua pietä omaša mielešä?

5 Mi om kebiembi šanuo, "jättiätšetäh šiula riähät" ali "nouže i kävele"?

6 Ana že tüö tīätä, on annetu valda inehmizen pojala muala jättiä riähkie—S'illoin šano hermatomala: nouže, ota oma posteli i mäne kodihize.

7 I noužtuo hiän otti oman postelin i mäni omah kodih.

8 Nähtüö rahvaš dīvuolietšetih i kītetih jumalua, kumbane ando muozen vallan inehmizilä.

9 I lähtehüö šieldä Jīsus nägi mieštä dengua keriämäšä, nimie müöt Matveida; i šano hänelä: aššu miula jälesti. I nouztuo hänelä jälesti läksi.

10 I kuin hiän šöi taloša, äijä mitariloja i riähkähizie tulduo hänen kena i hänen opaššetavien kena šüödih.

11 I nähtüö Fariseit paistih hänen opaššetavila: min täh mitariloien da riähkähizien kena tīän opaštaja šüöv i juov?

12 Kūluštahuo Jīsus šano heilä: ei pie tervchilä noidua a läzijilä.

13 I mängiä tüö, opaštukua, mi on: hellimistä tahon a ei tuondua.—En mie tullun oigeida a riähkähizie tulin kohendamah.

14 S'illoin tuldih hänen luo Ivanan opaššetavat i paistih: min täh müö i Fariseit äijän pühitämä, a šiun opaššetavat ei pühitetä?

15 I šano heilä Jisus: voiah go kanžove itkie, kuni hŕän kena on šulahane? tullah i ne püivät, konža otetah heildä šulahazen, i šilloin pühitetäh.

16 Ni ken ei ombele vanhan vuatien piälä ilmatomua paikua; revitäv hiän enämmäldi vuatien i šūrembi liev louko.

17 Ei go panna ūvista vīnua vanhoih kukkaroih; a kui nīn, rebietäh kukkarot i vīna kuaduv, i kukkarot hävitäh; a pannah ūvista vīnua ūžih kukkaroih, i molemmat šäilütäh.

18 Kuin hiän tädä heilä pagizi, tuli hänen luo üksi vanhin, kumardeli hänelä i pagizi: miun tütär nüten kuoli; i šie tulduo pane hänen piälä oma käzi, i hiän virguov.

19 I noužtuo läksi Jisus hänelä jälesti i hänen opaššetavat.

20 I šīnä üksi naine, kumbane kakši toista küm-

IX. PIÄ.

mendä vuota puhteisa oli, läheni taguada-päin i koššahutīh hänen vuatien helmua.

21 Mielesä hiän pidi: kuin vain koššahutan hänen vuatieda, i tervehün.

22 Jīsus kiändiätšīh i händä nähtüö šano: älä varaja, tütär, šiun uššonda šiun tervehüti. I šīdä šua naine tervehtü.

23 I tulduo Jīsus vanhimman kodih, nägi šoitajie i rahvahan kihizömäšä.

24 S'ano heilä: pois mängiä; ei kuollun tüttö, a maguav.—I haukutih händä.

25 I kuin rahvahan porotetih, mäni hiän, otti hänen kiäštü; i nouži tüttö.

26 I rubei tämä azie kaikeša šīnä muaša olla kūlovila.

27 I šieldä kuin läksi Jīsus, hänelä jälesti aššutih kakši šogieda, kumbazet möistih i paistih: ole hellä meidä vaš, Jīsus Davidan poiga!

28 Kuin hän müni taloh, tuldih hänen luo šogiet, i šano heilä Jīsus: uššota go tüö, mie vöin tämä luadie? —Hüö šanotih hänelä: nīn, hospodi.

29 S'illoin hiän koššahutīh hīän šilmic paiseša: tīän uššondua müöt liekäh teilä.

30 I avavutih hīän šilmät, i kieldi heidä Jīsus i šano: katšokua, ni ken ei tīuštais.

31 I hüö lähtehüö kaikie šidä muada müöt kītokšeh hänen laškeih.

32 Vain ne lähteih, tuodih hänen luo mükän lembolazen.

33 I porotahuo lemmon rubei pagizomah mükkä; i dīvuolietšetih rahvaš i paistih: ni konža ev nähtü nīn Izruaelisa.

34 A Fariseit paistih: lemboloien vanhimman kauti porotav lemboloja.

35 I küveli Jīsus kaikie linnoja i külie müöt, opašti rahvahaša i šaneli taivaš jovangelie i piüšti inehmizie jogo tauvešta i jogo kivušta.

36 Nähtüö rahvahan, hellü händü vaš oli; hüö oldih ärgevdünüöt i üökšünüöt, kuin lambahat paimeneta.

37 S'illoin šano omila opaššetavila: leikavuo üijä, da leikuajua vähü.

38 Z'en täh kumarrelgua leikavon izännälä, ana tüöndäis leikuajic omala leikavola.

X. Piä.

1 KUTS'U hiän kakši toista kümmendä opaššetavie i ando heilä vallan pahalazien piülä, ajua heidä i jogo taudie i jogo kivuo porotua.

2 Kahela toista kümmenelä apostoloila nämä ollah nimet: enžimäne Simona, toizin Pedri, da veli hänen Ondrei;

3 Zevedein Juakova da hänen veli Īvana; Hilipä da Varfolomei; Toma da Matvei mitari; Alfein Juakova da Levvei, toizin Taddei;

4 Simona Kananita da Iskariotašta Iuda, kumbane i ando hänen muokih.

5 Nämä kakši toista kümmendä tüöndi Jīsus, i nīn heilä vakušti: älgiä aštukua vierotomien muah i älgiä mängiä Samarian linnah;

6 A mängiä parembi Izruaelin koin hävünüzien lambahien luo.

7 Kävellešü nīn šanelgua: läheni taivaš-kuningahuš.

8 Läzijie tervehütäkiä, kibevdünüzie parendakua, kuolluzie virotakua, lemboloja porotakua; ni mistä šüin ottija, ni mistä šüin andakua.

S. MATVEI.

9 Älgiä go kuldua, älgiä go hobieda, älgiä go vaškie ottakua omih sizälilöih,

10 Älgiä go šüömistä matkah, älgiä go kahta vuatieda, älgiä go jalatšiloja, älgiä go šauvua; luadijala makšetah hänen palgan.

11 Kuin mänetä kuh linnah küläh go, tīuštakua, ken šielä tädä makšav, i šīnä olgua, kuni että lähe.

12 Mändüö taloh nīn pidäkiä tervehütä: šovindo tällä talola.

13 I kuin talo šidä makšav, tīän tervehüš tulov häneh; a kuin ei rubie makšamah, tīän tervehüš tīän luo müöštiätšöv.

14 I ken teidä ei ottane ei go kūndelene tīän paginoja, lähtiesä šīdä talošta linnašta go puistakua revut tīän jaloista.

15 Amin šanon teilä: hoivembi liev Sodoman i Gomoran muala toizela ilmala kuin šillä linnala.

16 Ka mie tüönnän teidä kuin lambahie hukkien keškeh; olgua tüö mielövät kuin zmeja-mado i puhtahat kuin guljuzet.

17 Vardeilietšekua inehmistä; šuatetah täidä suimuloih, i rahvahaša lienetä lüödüt.

18 I vanhembien i kuningahien edeh miun täh šuatetut lienetii, tiedävökši heilä i vierotomila.

19 Konža šuatetah teidä, älgiä huoluštalietšekua, kuin i midä rubieta pagizomah; anduatšov teilä šīnä kodvana, midä paisa.

20 Että tüö liene pagizijat, a tīän tuaton hengi rubiev teisä pagizomah.

21 Andav veli vellen šurmala i izä pojan, i pojat noššetah kiät izien i emien piälä i hīät tapetah.

22 I kaiki teidä ruvetah vihkuamah miun nimen täh; ken piäh šua tirpav, že šäilüv.

23 A konža teidä üheštä linnašta ajetah, puakua toizeh; amin šanon teilä, että šua kaikie Izruaelin linnoja kävellä, kuin inehmizen poiga tulov.

24 Evle opaššetava šūrembi opaštajua, ei go herrua hänen inehmine.

25 Kulläldi opaššetavala, kuin hiän lienöv opaštajan muone, i inehmizelä kuin hänen herra. Kuin koin izändiä šanotih pahalazien vanhimmakši, midä enümmäldi hänen kodilazie?

26 Älgiä varakua žen täh heidä; ni mi ev nīn peitoša, kumbane ei ožutuatšis, i tiedömätä, kummasta ei tīuššetais.

27 Min mie teilä šanon pimiešä, šanokua valgiela, i midä korvih tšuhutan, šanelgua katokšilda.

28 I älgiä varakua hibien tappajie, kumbazet ei voia

D

hengie tappua; a varakua kaikie enämmäldi, ken hengen i hibien tappua voit geennaša.

29 Ei go vain groššua makšeta kakši tširkušta? i üksi heistä ei langie muala tīän tuatota.

30 A tīän i tukat piäšä kaiki ollah lugietut.

31 Älgiä žen täh varakua; äijie linduzie tüö paremmat oleta.

32 Jogohine, ken milma tunnuštav inehmizien aigana, tunnuštan händä i mie miun tuaton aigana, kumbane on taivahaša.

33 A ken periätšöv miušta inehmizien aigana, periäńtšen hüneštä i mie miun tuaton aigana, kumbane on taivahaša.

34 Älgiä pidäkiä mielešä, mie tulin mua-ilmala andamah šovinduo; en tullun andamah šovinduo a keigiä.

35 Tulin erotamah poigua izäštä i tütärdä emäštä i miniua muatkošta;

36 I vihazniekat inehmizelä omat kodilazet.

37 Ken šuvatšov tuatuo muamuo go enämmäldi milma, miun omana ei voi olla; i ken šuvatšov poigua tütärdä go enämmäldi milma, miun omana ei voi olla.

38 I ken ei ota omua ristie i miula jälesti ei mäne, miun omana ei voi olla.

39 Oman hengen äbäžöitšijä hävitäv hänen, a ken hävitäv oman hengen miun täh, löüdäv hänen.

40 Ken teidä ottav, milma ottav, i ken milma ottav, ottav miun tüöndäjiä.

41 Ken ottav prorokua prorokan nimeh, šillä liev prorokan palka; i ken ottav jumalan varajua jumalan varajan nimeh, šillä liev jumalan varajan palka.

42 I ken andanov juvva maljan viluo vettä ühelä näistä pienistä vain opaššetavan nimeh, amin šanon teilä, ei hävitä omua palkua.

XI. Piä.

I KUIN loppi Jīsus vakuštamizen kahela toista kümmenela omala opaššetavala, läksi šieldä omih linnoih opaštamah i šanelomah.

2 Īvana rauvoisa kūluštahuo šündü-ruohtinan aziet tüöndi kahta omista opaššetavista,

3 S'ano hänelä: šie go olet tulija, ali toista vuotama?

4 I vaštah šano heilä Jīsus: mängiä, šanokua Īvanala, midä kūleta i niätä.

5 S'ogiet nähäh, i rammat kävelläh, kibevdünüöt

puhaštuatšetah, i kūrnehet kūllah; kuolluot virotah, i nīsteilä jovangelie šanellah.

6 I ožakaš že on, ken milma vaš ei muanituatše.

7 Nīen lähtehüö rubei Jīsus rahvahala Īvanah nähü pagizomah: midä tulija katšomah šaloh? vežua go tūlešta lekkujua?

8 A midä tüö tulija katšomah? inehmistä go pehmeih vuateih šuorinuta? ka, ket pehmeidä pietäh, kuningahien kodiloisa ollah.

9 A midä tüö tulija katšomah? prorokua go? nīn, šanon teilä, i šūrembua prorokua.

10 Tämä on že, kumbazeh nähü on kirjotetu: ka mie tüönnän oman angelin ieldä-päin šilma, kumbane šiun iešä valmistav šiun tien.

11 Amin šanon teilä, evle šündünütä naizista šūrembi rissitäjiä Īvanua, a pienin taivaš-kuningahuoša on šūrembi händä.

12 Rissitäjän Īvanan püivistä täh šua taivaš-kuningahuš on vügi-valloisa, i vügi-vallalizet händü kissotah.

13 Kaiki prorokat i zakona Īvanah šua ieldä-päin šanotih,

14 I kuin tahtoneta ottua, tämä on tulomaša Ilja.

15. Kellä ollah korvat kūlla, kūlgah.

XI. PIÄ.

16 Kenen ütüökši panen tämän rodu-kunnan? hiän on ühen ütüš lapšien kena istujien pihoila i toine toizela mögizijien,

17 I pagizijien: šoitima teilä, i että karan; itkimä teilä, i että ulvon.

18 Tuli Īvana ei go šüöjä ei go juoja, i paisah: lembo hänešä.

19 Tuli inehmizen poiga, kumbane šüöv i juov, i paisah: ka inehmine šüömäri i juomari, mitariloien i riähkähizien veli.—I oienduatšīh tiedävüš omista pojista.

20 S'illoin rubei Jīsus moitimah linnoja, kumbazisa hiän luadi äijä kummua, i ei kohenduatšetu.

21 Paha šiula, Horazina, paha šiula, Vifsaida! kuin ois ollun Tīraša i Sidonaša žen verda kummie mi teisä, ammuin jo pahoisa vuateisa i tuhkaša šanotais omat riähüt.

22 S'anon mie teilä: hoivembi liev Tīrala i Sidonala toizela ilmala kuin teilä.

23 I šie, Kapernaum, kumbane taivahaže šua noužit, uaduh šua alenet; žen täh kui ois ollun Sodomoisa žen verda kummie mi šiusa, täh šua hiän šäilütäis.

24 S'anon mie teilä: hoivembi liev Sodomoin muala toizela ilmala kuin šiula.

25 S'īnä aigana nīn viel Jīsus šano: tunnuštuatšen

mie šiula, tuato, taivahan i muan herra, šie peitit tämän mielövistä i tiedäjistä i ožutit lapšila.

26 Nīn, tuato, šiun tahtondua müöt nīn tuli.

27 Kaiki on annetu miula miun tuatošta; ei go ken tīä poigua vain tuato, ei go tuatuo ken tīä vain poiga, i kellä tahtonov ožutua poiga.

28 Tulgua miun luo kaikin, vaivuatšijat i ügien kandajat, i mie tīät lebävtän.

29 Ottakua miun valda itšien piälä i opaštukua miušta; mie olen tųni i pehmie-šiämine, i löüvätä lebüvön tīän hengilöilä.

30 Miun valda on hüvä, i miun takka kebie.

XII. Piä.

S‘ĪNÄ aigana aštu Jīsus külvön keššitši šuovatoina; hänen opaššetavat nälläššütih, i ruvetih nühtimäh tähkie i šüömäh.

2 Fariseit nähtüö šanotih hänelä: ka šiun opaššetavat luaitah, midä ei šovi šuovatana luadie.

3 Hiän šano heilä: että go tüö lugen, min luadi Davida, konža itše nälläštü i hänen kena olijat?

4 Kuin hiän mäni jumalan kiriköh i pühä-leivät šöi,

kumbazie ei šovin hänelä šüvvä ei go hänen kena olijila, a vain üksilä pappiloila?

5 Vielä että go lugen zakonaša, papit šuovatoina kirikösä rikotah šuovatoja a itše ei olla viürät?

6 S‛anon mie teilä: šürembi kiriküö on tiälä.

7 Kuin tüö tiedäzijä, mi on "hellimistä tahon a ei tuondua", että ni konža viäritäis oigeida.

8 I šuovatala herra on inehmizen poiga.

9 I lähtehüö šieldä tuli hiän suimuh.

10 I ka šielä oli mieš, kumbazela käzi oli kuivahtun; i küžütih häneldä, šobiv go šuovatana noidua; vain šais händä viäritiä.

11 I hiän šano heilä: ken on teistä muone inehmine, kumbazela on üksi lammaš, i kuin langenov že šuovatoina haudah, ei go rabuatše šieldä šuaha händä?

12 Midä parembi on inehmine lammašta? žen täh šobiv šuovatoina hüviä luadie.

13 S‛illoin šano šillä michelä: oienna käden. I oiendi, i lieni terveh kuin toine.

14 A Fariseit mändüö luaitih šovinnon keškenä, kuin händä hävitiä. Jīsus tīuštahuo šieldä läksi.

15 I hänelä jälesti aštu äijü rahvašta, i kaiki hīät tervehüti.

16 I kieldi heidä, ei laškie händä kūlovila.

S. MATVEI.

17 Ana liev Isaijan prorokan šanala, kuin hiän šano:

18 Ka miun poiga miun mieldä müöt, miun armaš, händä vaš palav miun hengi; panen miun hengen hänen piälä, i toven šanov vierotomila.

19 Ei rubie kīstämäh ei go mögähä, ei go kūlušta ken hünen iändä tie-šuaroila.

20 S'auvua katenuta ei katkua, i tüödä küdevdünütä ei šammuta, kuni ei šuata totta piäh šua.

21 I hänen nimeh vierotomat uškomah ruvetah.

22 S'illoin tuodih hänen luo lembolazen šogien i mükän: i tervehüti hänen, i rubei šogie i mükkä pagizomah i nägömäh.

23 I kaiki rahvaš dīvuolīh i pagizi: ei go tämä ole Kristos Davidan poiga?

24 I Fariseit kūluštahuo paistih: tämä ei itše porota lemboloja a vain Veelzevulan, lemboloien vanhimman kauti.

25 Tiedi Jīsus hīän mielet i šano heilä: jogo mua šovinnota keškenä tühjä liev, i jogo linna i jogo kodi šovinnota keškenä ei vīkuo pizü.

26 I kuin sotona sotonan porotav, toine toizen piälä noužov: i kuin voit hiän valda pizüö?

27 I kuin mie Veelzevulan kauti lemboloja porotan,

XII. PIÄ. 41

pojat tTän kenen kauti porotetah? žen täh hüö teidä viäritetäh.

28 A kuin mie jumalan viän kauti lemboloja porotan, nīn tuli teilä jumalan kuningahuš.

29 I kuin ken voit männä vägövän kodih i hänen tarbehet vījä, kuin ieldä-päin ei šivone vägövän, i šilloin viev hänen koin.

30 Ken evle miun kena, že on miun piälä, i ken ei kolloha miun kena, že hävitälöv.

31 Z'en täh šanon teilä, jogo riähkä i koromine jättiätšöv inehmizilä, a koromine pühä-hengen piälä ei jättiätše inehmizilä.

32 I ken šanan virkanov inehmizen pojan piälä, jättiätšöv hänelä: a ken virkanov pühä-hengen piälä, ei jättiätše hänelä ei go tällä ilmala ei go tulovala.

33 Nīn luadikua hüvä pū, i eineš hänen hüvä; ali luadikua paha pū, i eineš hänen paha; einehestä pū tunnuštuatšov.

34 Vaškiritšan kannetnt! kuin tüö voita hüviä paisa olleša pahat? šiämeldä i šū pagizov.

35 Hüvä mieš hüvästä šiämeštä hüviä pagizov, a paha mieš pahašta šiämeštä pahua pagizov.

36 Mie šanon teilä, jogo tühjästä šanašta, kumbazen

virketah inehmizet, annetah šanan häneštä toizela ilmala.

37 Omista paginoista oienduatšet, i omista paginoista viäritiätšet.

38 S'illoin muvenet kirja-miehistä da Farisejoista nin hänelä paistih: opaštaja, müö tahoma šiušta ožutandua nähä.

39 A hiän vaštah heilä šano: paha rodu-kunda i huigeih azeih šegonut ožutandua etšiv, i ožutanda ei anduatše heilä vain prorokan Ionan ožutanda.

40 Kuin Iona oli kitan vatšaša kolme päiviä i kolme üödä, nin liev i inehmizen poiga muan šiämešä kolme päiviä i kolme üödä.

41 Ninevian eläjät jumalan edeh tullah tämän rodukunnan kena i hänen viäritetäh; hüö kohenduatšetih Ionan šanoista, i ka tiälä šürembi on Ionua.

42 Keški-päivän rannašta naiz-kuningaš tulov jumalan edeh tämän rodu-kunnan kena i hänen viäritäv; hiän tuli ilman rannašta kündelomah Solomonan mieldä, i ka tiälä šürembi on Solomonua.

43 Konža pahalane lähtöv inehmizeštä, kävelöv kaiki veetömät paikat šiua etšiesä, i ei löüvä.

44 S'illoin šanov: lähen jürelä omah kodih, mistä

XIII. PIÄ.

läksin. I tulduo löüdäv hänen tühjän, pühitün i kerätün.

45 S'illoin münöv i ottav itšen kena šcitšimen toista pahalasta pattiembua itšiedä, i mändüö eletäh šielä; i jälgi-perilä liev šillä inehmizelä pahembi ennistä. Nīn liev i tällä pahala rodu-kunnala.

46 Kuin vielä hiän pagizi rahvahala, ka hänen muamo i vellet ulguona šeizotih i tahotih hänen kena paisa.

47 Üksi mieš hänelä šano: ka šiun muamo i vellet ulguona šeizotah, tahotah šiun kena paisa.

48 Hiän vaštah šano šillä šanojala: ken on miun muamo, i ket ollah miun vellet?

49 I juohati kiälü omien opaššetavien piälä i šano: ka miun muamo i miun vellet! Ken elänöv miun tuaton vülliä müöt, kumbane on taivahaša, že on miun veli i tšikko i muamo.

XIII. Piä.

S'ĪNÄ päivänä lähtehüö Jīsus talošta istu meren rannala.

2 I kerävdü hänen luo äijä rahvašta, äššen pidi hänelä männä veneheže i istuotšie; a kaiki rahvaš šeizo meren rannala.

3 I pagizi heilä äiän arvavtamizeh:

4 Ka läksi külväjä külvämüh. I külviäsä muvenet jüvät langetih tiedä vaš; i tuldih linnut i hrät nökitih.

5 Muvenet langetih kivi-ruopahila, kumbazen piälä vähä oli muada; i terväh hüö noužtih žen täh, evldu muaša šüväh.

6 Päiväzen noužtuo hüö kellissütih, i kuin evldu jūrdunuot, kuivetih.

7 Muvenet langetih tuhjoh; i kažvo tuhjo i hrät katto.

8 A muvenet langetih hüvälä muala, i kažvetih lizävön kena; kumbane toi šuan, kumbane kūži kümmendä, kumbane kolme kümmendä.

9 Kellä ollah korvat kūlla, kūlgah.

10 I lähendiätšehüö hänen opaššetavat šanotih hänelä: min täh šie arvavtamizeh heilä pagizet?

11 A hiän vaštah heilä šano: teilä on annetu tiediä taivaš-kuningahuon tiedävüö, a heilä ev annetu.

12 Kellä on, šillä anduatšov, i lſakši hänelä lienöv; a kellä evle, i mi on häneštä ottuatšov.

13 Z'en täh arvavtamizeh heilä pagizen, hüö nähešä ei nähä, kūlleša ei kūlla ei go malteta.

14 I hrän piälä tuli Isaijan prorokan šanonda: kūl-

XIII. PIÄ.

leša kūluššata, i että rubie maltamah; i nähešä niätä, i että rubie nägömäh.

15 Koveni näien inehmizien šiämi, i korvila ügieldi kūllah, i omat šilmät ummissetih, ana šilmilä midä ei nähä i korvila ei kūlla i šiämelä ei malteta, i kiändiätšetäh, i hīät tervehütän.

16 A tīän ožakat ollah šilmät, hüö nägäh, i korvat, hüö kūllah.

17 Amin šanon teilä, äijä prorokoja i jumalan varajie ülen tahotih nähä, midä tüö niätä, i ei nähtü, i kūlla, midä tüö kūleta, i ei kūldu.

18 Tüö otatakua arvavtamine külväjüh nähä.

19 Jogohizelda, ken kūlov jumalan šanua i ei otata, tulov pahalane i viev, mi oli külvetü hänen šiämelä; tämä on jüvä tiedä vaš külvetü.

20 A kivi-ruopahila külvetü že on, ken kūlov jumalan šanua i ihaštunuona ottav hänen.

21 I kuin evle hänešä jūrda, on ei vīkon-aigane; kuin tulov vaiva i ajuatšenda hänen piülä šanan täh, terväh hülgiäv.

22 A külvätü tuhjoh že on, ken kūlov jumalan šanua, i tämän ijän huoli i elon kaunehuš kattav hänen, i on einehetä.

23 A külvätü hüvälä muala, ka mi on: ken kūlov jumalan šanua, i otatav, kumbane i luadiv lizävön, i tuov muven šuan, muven kūži kümmendä, muven kolme kümmendä.

24 Toizen arvavtamizen šano heilä: taivaš-kuningahuš on kuin izändä, kumbane hüvät jüvät külvi omala pellola.

25 Kuin muatih hänen inehmizet, tuli hänen vihaznieka i külvi heiniä vehnän keškeh i pois läksi.

26 Kuin vehnä nouži orahala i mäni tühkälä, šilloin ožutīh i heinä.

27 Tulduo hänen inehmizet šanotih hänelä: herra, et go hüvie jüvie külvän šie omala pellola? mistä heinä šündü häneh?

28 Hiän šano heilä: vihaznieka tämän luadi. I hänen inehmizet šanotih hänelä: tahot go, mändüö müö heinän kitemä?

29 I hiän šano heilä: ei, kitkiesä heiniä ana että ühešä vehniä nühtäis.

30 Jüttäkiä kažvamah molemmat ühešä leikavoh šua, i leikavon aigana mie šanon leikuajila: keräkiä ielä heinä i šidokua liutehize poltetavakši, a vehnä keräkiä miun aitah.

XIII. PIÄ.

31 Muvenen arvavtamizen šano heilä: taivaš-kuningahuš on kuin kargitšan jüvä,.kumbazen ottahuo inehmine külvi omala pellola.

32 Hiän on pienin kaikista jüvistä, a konža kažvav, on šūrembi kaikie kažvanda-heinie, i on kuin pū, äššen lendäjät linnut tulla voiah i istuo hänen okšila.

33 Muvenen arvavtamizen šano heilä: taivaš-kuningahuš on kuin muiotuš, kumbazen ottahuo naine pani jauhoh kolmen vakan verdah, kuni kaiki muigoi.

34 Nämü kaiki Jīsus pagizi arvuavtannala rahvahala, i kohaldeh ei paisun heilä;

35 Ana liev prorokan šanala, kuin hiän šano: rubien arvavtamizeh pagizomah; šanon, mi oli peitetü muailman luainnašta šua.

36 S'illoin jättähüö rahvahan mäni Jīsus taloh.

37 I tuldih hänen luo hänen opaššetavat i paistih: šano meilä arvavtamine peldo-heinäh nähä.

38 I hiän nīn heilä šano: hüvien jüvien külväjä on inehmizen poiga, a peldo on mua-ilma, a hüvüt jüvüt ollah kuningahuon pojat, a heinä ollah ei hüvüt pojat;

39 A vihaznieka, kumbane heinän külvi, on djuavoli, a leikavo on ijän loppu, a leikuajat ollah angelit.

40 Kuin kerätäh heinät i tulela poltetah, nīn liev tämän ijän loppuna.

S. MATVEI.

41 Tüöndäv inehmizen poiga omat angelit, i kerütäh hänen kuningahuošta kaiki pahat i riähkien luadijat,

42 I luvvah hīät tulizeh kiuguah, šielä liev itku i hambahila križautamine.

43 S'illoin oigiet kaunissutah kuin päiväne hīän tuaton kuningahuoša. Kellä ollah korvat kūlla, kūlgah.

44 Vielä taivaš-kuningahuš on kuin uareh pellola peitetü, kumbazen löüdähüö mieš peiti; i ihaššukšisa münöv, kaiki, mi hänelä on, müöv, i oštav žen pellon.

45 Vielä taivaš-kuningahuš on kui kaupieš etšijä kallehie kivilöjä,

46 Kumbane löüdähüö ühen üijäldi kallehen kiven mändüö kaiki möi, mi hänen oli, i žen ošti.

47 Vielä taivaš-kuningahuš on kuin nuota laškietu mereh, i kumbazeh kaiken-ualasta kalua pūtuv;

48 Kumbane kuin täüdü, randah hänen šuadih i istuosa valitih hüvät kalat ašteih, i pahat pois luodih.

49 Nīn lienöv ijän loppuna: lähtietüh angelit i erotetah pahat oigeien keššeštü,

50 I luvvah hīät tuli-kiuguah, šielä liev itku i hambahila križautamine.

51 S'ano heilä Jīsus: kaikie go tädä maltata?—Hüö šanotih hänelä: nīn, hospodi.

XIV. PIÄ.

52 I hiän šano heilä: tämän täh jogo kirja-mieš, opaštunut taivaš-kuningahuoh, on kuin huolova izändä, kumbane omašta elošta ūta i vanhua kanniksov.

53 I kuin loppi Jīsus nämä arvavtamizet, läksi šieldä.

54 I tulduo omah kodih opašti heidä hīän kanžaša, äššen dīvuolietšetih i paistih: mistä tällä tämün-muone mieli i vägi?

55 Ei go tämä ole rakendajan poiga? ei go hänen muamo Muariekši kutšutah i vellet hänen Juakova i Josei i Simona i Iuda?

56 I tšikot hänen ei go kaikin mīän kena elätäh? mistä tämä kaiki šai tällä?

57 I ei uššotu hänelü. Jīsus šano heilä: kaikiela prorokua šūrekši pannah, a vain ei omaša rannaša i omaša koisa.

58 I ei luadin šielä äijie kummie hīän ei-uššonnan täh.

XIV. Piä.

S'IH aigah kūlušti Iroda neljäš vanhin šündü-ruohtinah nähä.

2 I šano omila lähizilä; tämä on rissitäjü Īvana;

hiän kuoleista virgoi, i hänen tuatši nämä kummat ollah.

3 Tämä Iroda otti Īvanan, šido i pani hänen raudoih Irodiadan oman vellen Hilipän naizen tüh.

4 Īvana hänelä pagizi : ei šovi šiula eliä hänen kena.

5 I tahto Iroda tappua händä, da varai rahvašta, rahvaš händä pietih prorokana.

6 Irodan šündü päivänä kargai keššelä Irodiadan tütär, i tabah mäni Irodala.

7 Z'en täh jiäkšietšennän kena toivoti kaikie andua hänelä, midä hiän pakkois.

8 A hiän oman muamon kuhjutandua müöt šano: anna miula nüt purdilola rissitäjän Īvanan piä.

9 I tuškevdu kuningaš : da jiäkšietšennän täh i omahizien täh käški hänelä andua.

10 I tüöndähüö leikai Īvanalda piän türmäšä.

11 I tuodih hänen piän purdilola i annetih tütölä, i hiän vei omala muamola.

12 I tulduo hänen opaššetavat otetih hänen hibien i katkeih, i tulduo šanotih šündü-ruohtinala.

13 I kūluštahuo Jīsus läksi šieldä venehešä üksipäin tühjäh. I tīuštahuo rahvaš hänelä jülesti jalgazin linnoista tuldih.

XIV. PIÄ.

14 I lähtehüö Jīsus äijä rahvašta nägi, i hellä oli heidä vaš, i hīän voimatomat tervehüti.

15 Jo kuin oli müöhä, tuldih hänen luo hänen opaššetavat i paistih : tühjä tämä paika, jo i aiga tuli; lašše šie rahvaš, ana mändäis külih i oššetais itšelä šüömistä.

16 Jīsus šano heilä: ei miksi männä, tüö andakua heilä šüvvä.

17 A hüö šanotih hänelü: evle šielä enämbiä vain vīzi möüküö i kakši kalua.

18 I hiän šano: tuogua hīät miun luo tänne.

19 I käški rahvahala istuotšie nurmela, i ottahuo vīzi möüküö i molemmat kalat katšahti taivahaže i risti hīät, i katkohuo ando opaššetavila möüküt, a opaššetavat rahvahala.

20 I kaikin šüödih i külläššütih; i otetih jiänöš-paloja kakši toista kümmendü tüütä vakkua.

21 A šüöjie miehie oli vīdeh tuhandeh šua, ilmain naizita i lapšita.

22 S'idäže aigua Jīsus käški omila opaššetavila männä veneheže i ielä hündü olla toizela puolela, kuni hiän laškov rahvahan.

23 I laškehuo rahvahan nouži gorala üksin kumardelomah; jo müöhä oli, hiän üksin šielä oli.

24 A venehtü keški-merelä kandali veellä; oli vaštatüli.

25 Vähiä ennen päiväzen noužuo tuli hïän luo Jïsus jalgazin merdä müöt.

26 I nähtüö händä merdä müöt aštumaša pöläššütih i paistih: nägüv meilä. I šärävdühüö mögähetih.

27 S'idä kerdua šano heilä Jïsus: uroštokua, mie olen, älgiä varakua.

28 Vaštah šano Pedri: hospodi, kuin šie olet, käšše miula tulla šiun luo vettä müöt.

29 I hiän šano: tule. I lähtehüö veneheštä Pedri aštu vezilöjä müöt šündü-ruohtinan luo.

30 I kui nägi Pedri šüren tülen, pöläštü; i rubei uppuomah i mögähti: hospodi, piäššä milma!

31 I terväh Jïsus oiendi kiän, otti hänen i šano hänelä: vühä-vieroline, miksi et uškon?

32 I kuin hüö mändih veneheže, heiti tülen.

33 Venehešä olijat lähendiätšehüö kumarduatšetih hänelä i paistih: toveša šie olet jumalan poiga.

34 I ajahuo poiki tuldih Gennisarietan muah.

35 I tunnuštahuo händä šigäläzet eläjät tüönnetih kaikie šidä randua müöt i tuodih hänen luo kaiki läzijät.

36 I ruguolietšetih hänelä, vain hiän andais koššu-

tuatšie hänen helmoja; i ket koššutuatšetih, ne tervehütih.

XV. Piä.

S'ILLOIN tuldih šündü-ruohtinan luo Jerusaliman kirja miehet i Fariseit i paistih:

2 Min täh šiun opaššetavat ei künnellä vanhan rahvahan opaššandua? ei peššä omie käzie ielä šüömistä.

3 Hiän vaštah šano heilä: min täh i tüö että kündele jumalan käššendiä tīän opaššannan täh?

4 Jumala käški: hüvitä tuatuo i muamuo, i ken haukuv tuatuo muamuo go, šurmala kuolgah.

5 A tüö pagizeta: ken šanonov tuatola muamola go "lahja on, mi miušta šiula pidäv",

6 I ei hüvitäis tuatuo i muamuo. I teilä ni mikseh on tīän opaššandua müöt jumalan käššendä.

7 Vīžahat! hüvin teih nähä ieldä-päin šano Isaija proroka:

8 Lähendiätšetäh miun luo nämä inehmizet omala šūla, i kielelä milma hüvitetäh, a šiümi hīän edähänä miušta.

9 Tühjäh hüvitetäh milma opaštuasa inehmizien opaššandah i tabah.

10 I kutšuhuo rahvahan šano heilä : kŭlgua!

11 Ei že paganoita inehmistä, mi šŭh münöv; a mi šŭšta lähtöv, že inehmizen paganoitav.

12 S'illoin lähendiätšehüö hänen opaššetavat šanotih hänelä : et go šie tīä, Fariseit kŭluštahuo paginan pahakši šilma pannah?

13 A hiün vaštah šano: jogo sadu, kumbazen ei istutan miun taivahaline tuato, häviev.

14 Hüläkiä heidä! hüö ollah šogiet šuatajat šogeila; a kuin šogie šogieda šuatelov, molemmat haudah langetah.

15 I šano hänelä Pedri : šano meilä tämä arvavtamine.

16 A Jīsus šano heilä : vielä go i tüö mieletä oleta?

17 Että go jo malta šidä? mi šŭh ottuatšov, vatšah šiotuatšov i pois lähtöv;

18 A mi lähtöv šūšta, šiämeldä lähtöv, i že paganoita inehmizen.

19 S'iämeldä lähtietüh pahat mielet, tappamine, huigiet aziet naiz-inehmizien kena, varaštamine, valehušpaginat, haukumizet.

20 Nämä kaiki paganoiah inehmizen, a pežömütömilä küzilä šüvvä ei paganoita inehmistä.

XV. PIÄ.

21 I lähtehüö šieldä Jīsus mäni Tīran i Sidonan randah.

22 I ka Hananejan naine nīstä paigoista tulduo nīn hünelä mögähti: ole hellä milma vaš, hospodi Davidan poiga! miun tütürdü üijäldi pahalane piekšäv.

23 A hiän vaštah šanua hänelä ei šanon. I lähendiätšehüö hänen opaššetavat ruguolietšetih hänelä paiseša: lašše händä, meilä jälesti hiän mögizöv.

24 A hiän vaštah šano: en ole tüönnetü a vain Izruaelin koin hävinüzien lambahien luo.

25 I naine tulduo kumarduatšīh hänelä paiseša: hospodi, auta miula!

26 I hiän vaštah šano: ei hüvä kiskuo leibiä pojilda i luvva koirila.

27 A naine šano: nīn, hospodi! da i koirat keriälläh muruzie kirvonuzie izändien šuömizistä.

28 S'illoin vaštah šano hänelä Jīsus: naine, šūri on šiun uššonda. Liekah šiula, kuin tahot. I šīdä šua tervehtü hänen tütär.

29 I lähtehüö šieldä Jīsus tuli Galilejan merelä, i noužtuo gorala istu šielä.

30 I tuli hänen luo äijä rahvašta ramboien, šogeien, mükkien i toizien äijien voimatomien kena, i pandih hänelä jalgoih, i hīät tervehüti.

31 Äššen rahvaš dīvuolīh nähcšü mükkie pagizomaša, voimatomie tervehenä, ramboja kävelömäšä i šogeida nägömäšü; i kītetih Izruaelin jumalua.

32 I kutšu Jīsus omat opaššetavat šano heilä: hellä olen tädä rahvašta vaš; jo kolme päiviä miun luona issutah, i evle midä šüvvä, i laškie heidä šüömätä en taho, ana ei vaivutais mataša.

33 I šanotih hänelä hänen opaššetavat: mistä meilä tühjäšä paigaša ottua žen verda leibiä külläššütiä žen verda rahvašta?

34 I šano heilä Jīsus: min verda on teilü leibiä?—A hüö šanotih: šeitšimen möüküö i vähü kalua.

35 I käški rahvahala muala istuotšie.

36 I ottahuo šeitšimen möüküö i kalat i kītähüö jumalua katko i ando omila opaššetavila, i opaššetavat rahvahala.

37 I kaikin šüödih i külläššütih, i otetih jiänöš-paloja šeitšimen täütü vakkua.

38 A šüöjie oli neljä tuhatua mieštä ilmain naizita i lapšita.

39 I laškehuo rahvahan mäni veneheže, i tuli Magdalinan paikoih.

XVI. Piä.

I TULDIH hänen luo Fariseit i Saddukeit, muanitamizeh ruguolietšetih hänelä ožutua heilä taivahašta ožutandua.

2 A hiän vaštah heilä šano: illala pagizeta "pouda, ruššotav taivaš",

3 I huomenekšela "nüt talvi, ruššotav pilveštä taivaš". Vīšahat! nähešä taivašta mahata arvualla, a aigoin mūtcida että voi kekšic.

4 Paha rodu-kunda i huigeih azeih šegonut ožutandua etšiv, i ožutandua heilä ei liene vain Ionan prorokan ožutanda. I jüttähüö pois läksi.

5 I mändüö hänen opaššetavat toizela puolela unohetih ottua leibiä.

6 A Jīsus šano heilä: katšokua i vardeilietšekua Farisejoin da Saddukejoin muiotukšešta.

7 I hüö mielešä pietih: leibiä emmä ottan.

8 Tīuštahuo Jīsus šano heilä: midä tüö pietä mielešä tädä, vähä-vierolizet, että ottan leibiä?

9 Vielä go tüö että malta i että muissa, vītä möüküö tuli vīelä tuhannela, i min verda ottija vakkua?

10 I ei go tullun šeitšenda möüküö neljälä tuhannela, i min verda ottija vakkua?

11 Kuin tüö että malta, mie en leivän täh šanoin teilä olla huoleša Farisejoin da Saddukejoin muiotukšešta?

12 S'illoin tŕuštetih, hiän ei šanon vardeilietšie leivän muiotukšešta a Farisejoin i Saddukejoin opaššannašta.

13 Tulduo Jīsus Hilipän Kesarian paikoih küžü omilda opaššetavilda: kekši milma inehmizet lugietah inehmizen poigua?

14 I hüö šanotih: muvenet rissitüjükši Ivanakši, muvenet Iljakši, muvenet Jeremeiksi ali toizekši mītüökši ni olgah prorokakši.

15 Jīsus šano heilü: a tüö kekši milma šanota olla?

16 I šano hänelä vaštah Simona Pedri: šie olet Kristos, elävän jumalan poiga.

17 I vaštah šano hänelä Jīsus: ožakaš šie olet, Simona Var-Iona, šiula ei hibie i veri ožutan a miun tuato, kumbane on taivahaša.

18 I mie šiula šanon, šie olet Pedri, i tällä kivelä šeizatan mie oman kirikön, i uavun ovet ei voiteta händä.

19 I annan šiula taivaš-kuningahuon avuamet; i

min šie šivonet muala, liev šivotu taivahaša, a min keritanet muala, liev keritetü taivahaša.

20 S'illoin kieldi Jīsus omie opaššetavie, kuin ei šanotais kellä, jotto tämä on Jīsus Kristos.

21 S'īdä šua rubei Jīsus šanelomah omila opaššetavila, pidäv hänelä männä Jerusalimah i äijä tirpua vanhimmista i arhereiloista i kirja-miehistä i tapetuna olla i kolmandena päivänä virota.

22 I rubei Pedri händä pagizomašta pietämäh i šano: ole hellä itše itšiedä vaš, hospodi; ülgäh liekäh tädä šiula!

23 I hiän kiändiätšehüö šano Pedrilä: aššu pois miun luoda, sotona! häkkünä olet miula; ei toimita, mi on jumalan, a mi on inehmizien.

24 S'illoin Jīsus šano omila opaššetavila: ken tahtonov miun jälesti männä periätšekäh itše itšeštä i ottakah oman rissin i miun jälesti mängäh.

25 Ken tahtonov šäilütiä omua hengie, hävitäv hünen, i ken hävitänöv oman hengen miun tüh, šäilütäv hünen.

26 Mi hüviä inehmizelä, kuin šuanov i kaiken muailman i oman hengen hävitäv, i mih voit inehmine vaihtua omua hengie?

27 Tulov inehmizen poiga oman tuaton kaunehuoša omien angeliloien kena, i šilloin jogohizelä makšav azeida müöt.

28 Amin šanon teilä, ollah muvenet šeizojista tiälä, kumbazet ei nähä šurmua, kuni nähüh inehmizen pojan tulomaša omaša kuningahuoša.

XVII. Piä.

I KŪVEN päivän jälgeh otti Jīsus Pedrin i Juakovan i hänen vellen Īvanan i hīän kena üksien nouži korgiela gorala.

2 I mūtīh hīän iešä i valgoi hänen nägö kuin päiväne, i hänen vuatiet oldih valgiet kuin ilman valgie.

3 I ka ožutuatšetih heilä Moisei i Ilja, pagizomaša hänen kena.

4 I šano Pedri šündü-ruohtinala: hospodi, hüvä on meilä tiälä olla; kuin tahtonet, luaima tiälä kolme majua, šiula ühen i Moiseila ühen i ühen Iljala.

5 Kuin vielä hiän pagizi, ka valgie pilvi katto hīät, i ka iäni pilveštä kūlu: tämä on miun armaš poiga, händä vaš hüvä olen; šidä kūnnelgua.

XVII. PIÄ.

6 I kūluštahuo opaššetavat kumualleh langetih i äijäldi pöläššütih.

7 I lähendiätšehüö Jīsus koššahutīh heidä i šano: noužkua i älgiä varakua.

8 I avattuo omat šilmät ni kedä ei nähtü vain ühtä šündü-ruohtinua.

9 Lähtiesä goralda vakušti heilä Jīsus: ni kellä älgiä šanokua niändiä, kuni inehmizen poiga ei virguo kuoleista.

10 I küžütih häneldä hänen opaššetavat: midä kirja-miehet paisah, Iljala pidäv ielä tulla?

11 Jīsus šano heilä vaštah: Ilja ielä tulov i kaiki luadiv.

12 I šanon mie teilä, Ilja jo tuli, i ei tīuštetu händä, i luaitih hänelä, min tahotih; nīn i inehmizen poiga rubiev heistä tirpamah.

13 S'illoin kekšitih opaššetavat, jotto rissitäjäh Īvanah nähä pagizov.

14 I kuin tuldih hüö rahvahaže, tuli hänen luo mieš, i kumarrukšien kena hänelä pagizi:

15 Hospodi, ole hellä miun poigua vaš! ūžila kūloila paha piekšäv händä i äijäldi vaivuatšov; äijän kerdua langielov tuleh i äijän kerdua vedeh.

16 I mie toin hänen šiun opaššetavien luo, i ei voidu händä tervehütiä.

17 Vaštah šano Jīsus: o vierotoin i rikkuotšenun rodu-kunda! vīko go olla tīän kena? vīko go tirpua teidä? tuogua händä miun luo tänne.

18 I kieldi händä Jīsus, i läksi häneštä lembo, i tervehtü brihatšu šīdä šua.

19 S'illoin lühendiätšehüö opaššetavat šündü-ruohtinan luo üksitällen paistih: midä müöt müö emmä voinun händä porotua?

20 Jīsus šano heilä: tīän ei-uššondua müöt. Amin šanon teilä, kuin ollov teisä uššonda kargitšan jüvän muone, virkata tällä gorala "mäne tiüldä šinne" i mänöv, i kaikie rubieta voimah luadie.

21 Pahalazet ei porotuatšeta vain malitula da pühitännälä.

22 Kuin hüö Galilejaša eletih, šano heilä Jīsus: annetu lienöv inehmizen poiga inehmizien käzih.

23 I tapetah hänen i kolmandena päivänä virguov. I äijäldi oldih tuškevdunuot.

24 Kuin hüö tuldih Kapernaumah, tuldih Pedrin luo didrahman keriäjät i šanotih: tīän opaštaja ei go anna didrahmua?

25 Hiän šano: nīn. I kuin mäni kodih, ennäti häneldä küžü Jīsus: kuin šie piet mielešä, Simona? mualoin kuningahat keštä vevon otetah ali kinsonan? omista go pojista ali vierahista? 26 Pedri hänelä šano: vierahista. Jīsus šano hänelä: nīn omat pojat ollah vallalizet.
27 Ana emmä luai heilä pahua mieldä, mäne, luo ongi mereh, i kumbane ielä pūtuv kala, ota; i avattuo hänen šūn löüvät statiran. Z'en ottahuo makša heilä miušta i itšeštä.

XVIII. Piä.

S'IH aigah lähendiätšetih opaššetavat šündü-ruohtinan luo i paistih: ken on šūrin taivaš-kuningahuoša?
2 I kutšuhuo Jīsus lapšen šeizati hänen hīän keškeh,
3 I šano: amin šanon teilä, kuin että kohene i että liene kuin lapšet, että mäne taivaš-kuningahuoh.
4 Ken tūnistüv kuin tämä lapši, že on šūrin taivaš-kuningahuoša.
5 I ken ottav lapšen muozen miun nimeh, milma ottav.

6 A ken rikkov ühen näistä pienistä miuh uškojista, parembi ois hänelä, kuin jauho-kiven šivotais hänen kaglah i uppois meren pohjala.

7 Paha mua-ilmala pahah šuatamizešta! pahah šuatamizeta ei voi olla, a avoi kehno šillä inehmizelä, kenen tuatši pahah männäh.

8 Kuin šiun käzi jalga go šiun pahah šuatav šilma, leikua hīät i luo itšeštä; parembi šiula on männä eländäh rambana i kiätöinä kuin kahen jalan kena i kahen kiän kena olla luoduna ijin-igazeh tuleh.

9 I kuin šiun šilmä pahah šilma šuatav, kaiva hänen pois i luo itšeštä; äijä parembi on ühen šilmän kena männä eländäh kuin kahen šilmän kena olla luoduna tulizeh geennah.

10 Vardeilietšekiä, älgiä pengokua ni ühtä näistä pienistä. S'anon mie teilä, hīän angelit taivahaša aino nähäh miun taivahalista tuatuo.

11 Tuli inehmizen poiga löüdämäh i säilütämäh hävinütä.

12 Kuin tüö pietä mielešü? kuin kumbazela inehmizelä liev šada lammašta, i üksi heistä üökšüv, ei go jätä ühekšän kümmenen i ühekšän gorila i mäne etšimäh üökšünütä?

13 I kuin löüdänöv hänen, amin šanon teilä, ihašša-

XVIII. PIÄ.

lietšov hänen täh enämmäldi kuin ühekšän kümmenen i ühekšän täh, kumbazet ei üökšütü.

14 Nīn ei himota tīän taivalizela tuatola hävitiä ühtä näistä pienistä.

15 Kuin viärä šiun ielä on toine, mäne, šano hänelä kahen-kešķie; kūnnelov šilma, šie šait toizen;

16 Kuin šilma ei kūnnele, ota itšen kena ühen miehen ali kakši, ana kahen ali kolmen nägijän šanala jogo šana luenduatšov.

17 A kuin ei kūnnele heidä, šano kirikö-kunnala; a kuin i kirikö-kundua ei kūnnele, olgah šiula kuin vierotoin i mitari.

18 Amin šanon teilä, min tüö šivoneta muala, liev šivotu taivahaša, i min keritänetä muala, liev keritetü taivahaša.

19 Vielä, amin šanon teilä, kuin kahen teistä tahoneta midä luadie i pakoneta, liev teilä miun tuatošta, kumbane on taivahaša.

20 Missä oleta kahen kolmen go kerävdünüöt miun nimeh, šielä i mie olen keššelä teidä.

21 S'illoin lähendiätšehüö Pedri šano hänelä: hospodi, min kerdua, miun ielä kuin on toine viärä, laššen go mie hänelä? šeitšimeh kerdah šua?

F

S. MATVEI.

22 S'ano hänelä Jīsus: en šano šiula šeitšimeh kerdah šua, a šeitšimeh kümmeneh kerdah šua šeitšimitši.

23 Z'en täh taivaš-kuningahuš on kuin kuningaš kumbane tahto lugietšie omien inehmizien kena.

24 Kuin rubei lugietšomah, tuodih hänen luo ühen velganiekan kümmenelä tuhannela talantua.

25 Kuin ei ollun hänelä millä makšua, käški herra hänen müvvä i hänen naizen i lapšet i kaiki, mi oli hänelä, i makšua.

26 A inehmine langei jalgoih i ruguolīh hänelä: herra, välitä milma, i kaiki šiula makšan.

27 Hüväkši heitīh šidä inehmistä vaš herra, laški hänen, i velan hänelä jätti.

28 Lähtchüö že inehmine vaštavdu toizen kena, kumbane oli hänelä velganieka šuala hobiezela; i tappamizeh rubei hüneštä pakkuomah: makša miula, millä olet miula velaša.

29 Langei velganieka hänelä jalgoih, ruguolīh hänelä: välitä milma, i kaiki šiula makšan.

30 A hiän ei tahton, i šuato i pani hänen raudoih, kuni makšav velan.

31 Nähtüö toizet inehmizet tümän helläkši heitiätšetih, i mändüö šanotih omala herrala kaiki, mi oli.

32 S'illoin kutšuhuo herra hänen itšen edeh šano hänelä: paha inehmine! kaiken velan jätin šiula, kuin äijäldi ruguolietšit,

33 Ei go pidälün i šiula hüväkši heitiätšie šiun velganiekan täh, kuin mie šiun täh?

34 I šiändü hänen piälä herra, i ando hänen muokuajila, kuni makšav kaiken oman velan.

35 Nīn i miun taivahaline tuato luadiv teilä, kuin että jätä toine toizela omalda šiämeldä hīün viärükšie.

XIX. Piä.

1 KUIN loppi Jīsus nämä paginat, läksi Galilejašta i tuli Iudejan randah toizela puolela Jordanua.

2 I hänelä jälesti aštu üijä rahvašta i hīät tervehüti šielü.

3 I tuldih hänen luo Fariseit i muanitamizeh hänelä paistih: šobiv go inehmizelü laškie itšeštä omua naista mītütä olgah azieda müöt?

4 Hiän vaštah heilä šano: että go tüö lugen, ken alušta kaiki luadi, uroš- i naiz-inehmizen luadi?

5 I šano: tämän täh jättäv inehmine oman izän i emän, i tartuv omah naizeh, i lietäh molemmat ühteh hibieh.

6 Jo enämbi ei olla kakši, a üksi hibie; min jumala šoviti, inehmine älgäh erotakah.

7 Hüö šanotih hänelä: min täh Moisei käški hänelä andua lašku-kirjan i laškie naizen?

8 Hiän šano heilä: tīän pahan šiämen täh Moisei käški laškie itšeštä naizie, a alušta šua ei nīn ollun.

9 S'anon teilä, ken laškenov oman naizen itšeštä vain ei pahan azien täh toizien kena i naitšov toizela, itše pahua luadiv, i ken laškietula naitšov, že itše pahua luadiv.

10 S'anotih hänelä hänen opaššetavat: kuin tämänütüš viärüš on naizen kena, parembi ei naia.

11 Hiän šano heilä: ei kaikila šua olla tädä paginua müöt, a kellä on annetu.

12 Ollah šalvatetut, kumbazet nīn emien vatšašta šünnütih; i ollah šalvatetut, kumbazie inehmizet šalvatetih; i ollah šalvatetut, kumbazet itše itšieda šalvatetih taivaš-kuningahuon täh. Ken voit maltua, maltakah.

13 S'illoin tuodih hänen luo lapšet, ana hiän panis hiän piälä kiät i kumardelis; a opaššetavat heidä kieletih.

14 A Jīsus šano heilä: älgiä koškekua heidä, i algiä kieldäkiä heidä tulla miun luo; žen-muozien on taivaš-kuningahuš.

XIX. PIÄ.

15 I panduo hrän piälä kiät šieldä läksi.

16 I ka üksi ken liev lähendiätšehüö šano hänelä: hüvä opaštaja, midä hüviä luadie, ana šais šuaha ijinigäzen elännän?

17 A hiän šano hänelä: midä šie milma hüväkši šanot? ni ken evle hüvä vain üksi jumala. Kuin tahtonet männä eländäh, luai jumalan käššendöjä müöt.

18 Hiän šano hänelä: mītüzie?—Jīsus šano: ženütüzie: älä tapa, älä luai toizien naiz-inehmizien kena pahua, älä varašta,

19 Hüvitä iziä i emiä i šuvatše omua lähehistä kuin itše itšieda.

20 S'ano hänelä brihatšu: kaiki nīn luain pikkuruzešta šua; midä vielä en lopetan?

21 S'ano hänelä Jīsus: kuin tahtonet hüvänä kaikie müöt olla, mäne, müö oma elo i anna vaivazila, i liev šiula elo taivahaša; i aššu miula jälesti.

22 Kūluštahuo brihatšu paginan läksi pois tuškevdunut; oli hänelä äijä eluo.

23 A Jīsus šano omila opaššetavila: amin šanon teilä, ügieldi elokaš mänöv taivaš-kuningahuoh.

24 Vielä šanon teilä, kebiembi on nuorala männä läbi nieglan korvista mi elokahala jumalan kuningahuoh,

25 Kuluštahuo hänen opaššetavat, ülen dīvuolietše-tih i paistih: nīn ken voit šüilüö?

26 Katšahtahuo Jīsus šano heilä: inehmizet tädä ei voia, a jumala kaiki voit.

27 S'illoin vaštah šano hänelä Pedri: ka müö kaiki hülgäimä i šiula jälesti läksimä; nīn mi meilä lienöv?

28 Jīsus šano heilä: amin šanon teilä, tüö kävelijät miun jälesti toizeša elännäšä, konža istuotšov inehmizen poiga omala kaunehela šiala, istuotšeta i tüö kahela toista kümmenelä šiala vannotamah Izruaelin kahta toista kümmendä heimo-kundua.

29 I jogohine, ken jüttäv koin, vellet go, tšikot go, izän go, emän go, naizen go, lapšet go, muat go miun nimen täh, šuan-muonda ottav i šuav ijin-igäzen elännän.

30 Äijä enžimäzie lietäh jälgimäzinä i jälgimäzie enžimäzinä.

XX. PIÄ.

TAIVAS'-kuningahuš on kuin huolova izändä, kumbane päiväzen noužuola läksi palkamah palkalazie omah saduh.

2 I luadihuo hīän kena hinnan grivnoin päiväkši, tüöndi omah saduh.

XX. PIÄ.

3 Läksi hiän kolmandena päivän kodvana, nägi toizie šillä pihala šeizomaša,

4 I nīlä šano: mängiä i tüö miun saduh, i midä rubieta makšamah, annan teilä.—I hüö lähteih.

5 Vielä läksi kūvendena i ühekšändenä kodvana, nīnže luadi.

6 Läksi hiän üksi toista kümmendenä kodvana, piävüti toizie šillä šeizomaša i šano heilä: midä tüö tiälä šeizota kaiken päivän šilläh?

7 Hüö šanotih hänelä: ni ken meidä ei palgan.— Hiän šano heilä: mängiä i tüö miun saduh, i midä rubieta makšamah, otata.

8 Illala šano savun izändä omala savun katšojala: kutšu palgalazet i makša heilä palka, alguh jülgimüzilä šīdä enžimäzilä.

9 I kumbazet tuldih üksi toista kümmendenä kodvana, otetih grivnoin.

10 Tuldih i enžimäzet i pietih mielešä, enümmän otetah; otetih i ne grivnoin.

11 Ottahuo buristih izünnän piälä,

12 I paistih: nämä jälgimäzet ühen kodvan luaitih, i hīät ühen-muozekši panit mīän kena, kumbazet tirpima päivän vaivan i ägien.

S. MATVEI.

13 A hiän vaštah šano ühelä heistä: veli, en vuara šilma; et go grivnašta miun kena palkuatšet?

14 Ota oma palka i müne; a mie tahon i tällä jälgimäzelä andua kuin i šiula.

15 Ali ei šovi miula pidiä, kuin tahon, omua eluo?

16 Z'en täh go šiun šilmä on täüdümätöin, kuin mie olen rakaš?—Nīn lietäh jälgimäzet enžimäzinä, a enžimäzet jälgimäzinä; äijät ollah kutšutut, a vähä on valituo.

17 I kuin Jīsus läksi Jerusalimah, otti ühet kakši toista kümmendü opaššetavua matkah i šano heilä:

18 Ka mänemä Jerusalimah, i inehmizen poiga annetu liev arhereiloila i kirja-miehilä; i šurmala hänen viäritetäh,

19 I annetah hänen vierotomila nagrokši i lüödäväkši i riputetavakši; i kolmandena päivänä virguov.

20 S'illoin tuli hänen luo Zevedein pojien muamo omien pojien kena, i kumarduatšehuo midä liev pakkoi häneldä.

21 Hiän šano hänelä: midä šiula tahotav?—Hiän šano: toivota, ana nämä molemmat pojat istuotšetah üksi oigiela puolela šilma a toine važamela.

22 Vaštah šano hänelä Jīsus: että tīä, midä pakuota.

XX. PIÄ.

Voita go juvva maljan, kumbazen mie juon i rissitiätšennälä, kumbazela mie rissitiätšen, rissitiätšie?—Hüö šanotih: voima.

23 I šano heilä: miun maljan juota, i rissitiätšennälä, kumbazela mie rissitiätšen, rissitiätšetä; a istuotšie oigiela puolela milma i važamela ev miun andamine, a kellä on varuššetu miun tuatošta.

24 I kuluštahuo kümmenen pahotalietšetih molembien vellekšien piälä.

25 A Jīsus kutšuhuo heidä šano: tīätä tüö, vierotomien vanhimmat ollah hīän piälä vallalizet, i šūret pietäh heidä.

26 Ei nīn liene teisä, a ken tahtonov teisä olla vanhembana, liekah teilä pienembänä,

27 I ken tahtonov teisä olla enžimäzenä, olgah teilä nuorembana.

28 Nīn i inehmizen poiga ei tullun, ana händä kūnnellah, a kūndelomah i andamah oman hengen äijien piäžennän täh.

29 I kuin läksi Jerihonašta, hänelä jälesti aštu äijä rahvašta.

30 I ka kakši šogieda issutih tiedä vaš, i kuluštahuo, Jīsus šīritši aštuv, mögähetih hänelä: ole hellä meidä vaš, hospodi Davidan poiga!

31 A rahvaš kieletih heidä mögizömäštü; a hüö enämmäldi möistih: ole hellä meidä vaš, hospodi Davidan poiga!

32 I šeizavduhuo Jīsus kutšu hīät i šano: midä tahota, ana mie teilä luadizin?

33 Hüö šanotih hänelä: hospodi, ana avavutah mīän šilmüt.

34 Hellä oli heidä vaš Jīsus, koššahutīh hīän šilmie, i šidä kerdua ruvetih nägömäh hīän šilmät, i lähteih hüö hänelä jälesti.

XXI. Piä.

I KUIN tuldih Jerusaliman läššä i mändih Vifsfagiah Eleona goran luo, šilloin tüöndi Jīsus kahta opaššetavua,

2 I šano heilä: mängiä küläh, kumbane on tīän kohaša, i šielä löüvätä šivotun oslan i šälün hänen kena; keritähüö tuogua miun luo.

3 I kuin ken teilä min šanonov, šanokua: herrala heidä pidäv; i terväh hīät tüöndäv.

4 Tämä kaiki oli, ana liev prorokan šanala, kuin hiän šano:

5 S'anokua Sionan tüttärelä: ka šiun kuningaš tulov šiun luo tȳni, istuv oslala i hänen šälülä.

XXI. PIÄ.

6 Opaššetavat mändih i luaitih, kuin käški heilä Jīsus.

7 Tuodih oslan i šälün i pandih hīän piälä omat vuatiet i hiän istuotšīh hīän piälä.

8 Ülen äijä rahvašta leviteldih tiedä müöt omat vuatiet, a toizet leigatih pūloista okšazie i pirotetih tiedä müöt.

9 A rahvaš ieldä-päin i jäläldä aštujat möistih paiseša: osanna Davidan pojala! hüvin paistu olet, tulija jumalan nimešä, osanna ülizisä!

10 I kuin mäni hiän Jerusalimah, kaiki linna üleni, i paistih: ken on tämä?

11 A rahvaš paistih: tämä on Jīsus, Galilejan Nazarietašta proroka.

12 I mäni Jīsus jumalan kiriköh i ajo kaiki müöjät i kaupitšijat kirikösä, i kaupitšijien i guljuzien müöjien issunda-šiat leviti;

13 I pagizi heilä: kirjotetu on, miun kodi malitukoiksi nimitiätšöv, a tüö luadija häneštä razboiniekoien majan.

14 I tuldih hänen luo kirikösä rammat i šogiet, i hiän tervehüti hīät.

15 Nähtüö arhereit i kirja-miehet kummat, kumbazet hiän luadi, i lapšet kirikösä mögizömäšä i pagizoma-

ša "osanna Davidan pojala", ajatalietšetih hänen piälä,

16 I šanotih hänelä: kūlet go, midä nämä paisah? —Jīsus šano heilä: nīn; että go tüö konža lugen " lapšien i imijien šūšta luait kītännän "?

17 I hülättüö hŕät läksi pois linnašta Vifaniah, i šielä šeizatīh elämäh.

18 Huomenekšela järelä läksi linnah, i nälläštü.

19 I kuin hiän nägi ühen smokovnitša-pūn tiedä vaš, tuli hänen luo, i ni midä hänešä ei löüdän vain ühet lehet. I šano hänelä: igäh šiušta ni konža älgäh liekäh eineštü. —I šidä kerdua kuivi smokovnitša-pū.

20 I nähtüö opaššetavat divuolietšetih paiseša: kuin terväh kuivi smokovnitša pū?

21 Vaštah šano heilä Jīsus: amin šanon teilä, kuin on teisä viero, i uškoneta, ei mi tämän, mi on smokovnitša-pūla, luaita, da i kuin i tällä gorala šanoneta " līkaha i luotuatše mereh", nīn i lienöv.

22 I kaiki, midä pakkuoneta malitušа uškuosa, liev teilä.

23 I kuin hiän mäni kiriköh i rubei opaštamah, lähendiätšetih hänen luo arhereit i rahvahan vanhimmat i šanotih: midä müöt šie tädä luait? i ken šiula ando muozen vallan?

XXI. PIÄ.

24 Vaštah šano heilä Jīsus: i mie küžün teistä ühtä paginua, kumbazen kuin šanota, i mie šanon teilä, kuda valdua müöt mie tädä luain.

25 Ivanan rissitändä mistä oli? taivahašta go ali inehmizistä?—A hüö mielesä nīn pietih: kuin šanoma "taivahašta", šanov meilä: nīn min täh että uškon hänelä?

26 A kuin šanoma " inehmizistä", varajama rahvašta; kaikin Ivanua pietäh prorokua.

27 I vaštah šanotih šündü-ruohtinala: emmä tiä. I hiän šano heilä: nīn i mie en šano teilä, kenen valdua müöt tädä luain.

28 .Kuin tüö šanota? Ühelä miehelä oli kakši poigua, i tulduo enžimäzen luo šano: poiga, mäne nüt, luai miun savuša.

29 A hiän vaštah šano: en taho. Jälgeh tuli hänelä paha-mielešti, i läksi.

30 I tulduo toizen luo nīnže šano; že vaštah šano: mie lähen, tuato.—I ei lähten.

31 Kumbane molemmista luadi izän mieleh?—Hüö šanotih: enžimäne.—S'ano heilä Jīsus: amin šanon teilä, mitarit i huigeih azeih šegonuot ieldä-päin teidä ollah taivaš-kuningahuoša.

S. MATVEI.

32 Tuli tīän luo rissitäjä Ivana oigieda tiedä müöt, i tüö että uškon hänelä, a mitarit i huigeih azeih šegonuot uššotih hünelä; a tüö nähtüö että tahton jälgi-perilä uškuo hänelä.

33 Toista arvavmista külgua. Üksi huolova izändä issuti savun, i lujah hänen ajoti, i kaivo hüneh vūvannan, i šeizati patšahan: i ando kaiki savun-katšojila i pois läksi.

34 Konža tuli aiga kerütä einehie, tüöndi omat inehmizet savun-katšojien luo ottua hänen eineheštä.

35 I savun-katšojat šidohuo hänen inehmizet kumbazen lüödih, kumbazen tapetih a kumbazen kivilöilä tapetih.

36 Vielä hiän tüöndi toizie inehmizie enämmän enžimäzie; i nīlä nīnže luaitih.

37 A jälgi-perilä hīän luo tüöndi oman pojan i pidi mielešä: huiuštuatšetah miun poigua.

38 A savun-katšojat nähtüö poigua keškeneh paistih: tällä jiäv kaiki elo; aštukua, tapama hänen i otama hänen eländehen.

39 I šidohuo pois savušta otetih hänen i tapetih.

40 I konža tulov savun izändä, min luadiv nīlä savun-katšojila?

XXII. PIÄ.

41 Hüö šanotih hänelä : pahat šurmala hävitäv, i savun andav toizila katšojila, kumbazet i annetah hänelä einehet ajala.

42 S'ano heilä Jīsus : että go tüö konža lugen kirjoisa, kivi, kummasta pengotih luadijat, že tuli šamalon piänökši? Jumalašta tuli tämä, i on kummana tīän šilmisa.

43 Tümän täh šanon teilä, kiskuotšov teildä jumalan kuningahuš i anduatšov rahvahala, kumbane nīn eläv.

44 I ken langiev tämän kiven piülä, murenov; a kenen piälä langiev, že mäženöv.

45 I kūlduo arhereit i Fariseit hänen arvavtamizie kekšitih, heih nühä pagizov.

46 I etšetih händä ottua, da varatih rahvašta; rahvaš pidi händä prorokana.

XXII. PIÄ.

TÄMÄN jälgeh vielä heilä arvavtamizeh pagizi Jīsus:

2 Taivaš-kuningahuš on kuin kuningaš, kumbane rubei naitamah omua poigua.

3 I tüöndi omat inehmizet kutšutuloja kutšumah svuadbah, i ei tahotu tulla.

S. MATVEI.

4 Vielä tüöndi toizet inehmizet i šano: šanokua kutšutuloila, ka lounan mie valmissin, miun härät i šüötetüt iskietüt, i kaiki valmissetu; tulgua svuadbah.

5 A hüö ni mikseh ei pandu, i lähteih ken omala pellola, ken omala kaupuola.

6 A toizet šidohuo hänen inehmizet haukutih i hīat tapetih.

7 I küluštahuo že kuningaš šiändü, i tüöndähüö oman viän häviti ne tappajat i hīän linnan polti.

8 S'illoin šano omila inehmizilä: svuadba on valmis, a kutšutut šidä ei makšetu.

9 Nīn mängiä tüö tie-šuaroila, i kedä löüdänetä, kutšukua svuadbah.

10 I lähtehüö ne inehmizet tie-šuaroila kerätih kaikie, kedä löüvetih, pahoja i hüvie; i külläldi tuli svuadbah šüöjie.

11 Mäni kuningaš katšomah šüöjie, i nägi šielä mieštä, kumbane ei ollun šuorietšen svuadba-vuateih.

12 I šano hänelä: veli, kuin šie tänne tulit šuorietšomata svuadba-vuateih?—A hiän iänetä heitīh.

13 S'illoin kuningaš šano inehmizilä: šidohuo hänen kiät i jalat ottakua händä i luogua piätömäh pimieh; šielä liev itku i hambahila križautamine.

14 Äijät ollah kutšutut, a vähä on valituo.

XXII. PIÄ.

15 S'illoin mändüö Fariseit keškeneh paistih, kuin vois händä paginala ševotua.

16 I tüönetäh hänen luo omat opaššetavat Irodalisson kena, kumbazet i paisah: opaštaja, müö tiämä, šie olet toži-mieš, i toveštajumalan tieh opaššat, et go kedä kammo, et go kenen piälä katšo.

17 Nīn šano šie meilä, kuin šilma müöt? pidäv go veduo makšua kiesarila ali ei?

18 Tiuštahuo Jīsus hīän vīžahuon šano: midä tüö muanitaleta milma, vīžahat?

19 Ožutakua miula vedo-kuldane. A hüö tuodih hänelä hobiezen.

20 I šano heilä: kenen on tämä iho i kirjotuš?

21 I hüö šanotih hänelä: kiesarin.—S'illoin šano heilä: nīn makšakua kiesarin oma kiesarila, a jumalan jumalala.

22 I kūluštahuo dīvuolietšetih; i jättähüö hänen pois lähteih.

23 S'īnä päivänä tuldih hänen luo Saddukeit, kumbazet paisah, ei liene virondua, i küžütih häneldä,

24 Paiseša: opaštaja, Moisei šano, ken kuin kuolov lapšetoin, hänen veli ottakah hänen naizen i šuakah vellen neitši häneštä lapšet.

25 Oli meisä šeitšimen velleštä; i enžimäne naiduo kuoli i ei jättän lapšie; jätti oman naizen omala vellelä.

26 Nīnže i toine veli i kolmaš šeitšimendeh šua.

27 Kaikien jälgeh kuoli i naine.

28 Virondana kellä lienöv naizena šeitšimeštä? kaikila hiän oli.

29 Vaštah šano heilä Jīsus: hairota, että tīä kirjua että go jumalan vägie.

30 Virondana ei go naia ei go miehelä männä, a kuin jumalan angelit ollah taivahaša.

31 A virondah nähä kuoleista että go tüö lugen, min šano itše jumala?

32 Mic olen Avruaman jumala i Isaakan jumala i Juakovan jumala.—Ei ole jumala kuoleien jumala a elävien.

33 I kūluštahuo rahvaš dīvuolietšetih hänen opaššandua.

34 A Fariseit kūluštahuo, huigai Saddukeit, kerävütih ühteh.

35 I küžü häneldä muanitamizeh üksi kirja-mieš:

36 Opaštaja, kumbane käššendä on šūrin zakonaša?

37 Jīsus šano hänelä: šuvatše šiun herrua jumalua

kaikela šiun šiämelä i kaikela šiun hengelä i kaikela šiun mielelä.

38 Tämä on enžimäne i šūrin käššendä.

39 Toine on žen ütüš: šuvatše šiun lähehistä kuin itše itšiedä.

40 Näilä kahela käššennälä kaiki zakona i prorokat šeizotah.

41 I kuin kerüvütih Fariseit, küžü heildä Jīsus:

42 Kuin tüö šanota? kenen poiga on Kristos?— Hüö šanotih: Davidan.

43 Hiän šano heilä: kuin bua Davida jumalašta nimitäv händä herrakši? paiseša:

44 S'ano herra miun herrala: issu oigiela puolela milma, kuni mie panen šiun vihazniekat šiun jalgoien alla.

45 Kuin Davida nimitäv händä herrakši, kuin bua on hiän hänen poiga?

46 I ni ken ei voinut hänelä vaštah šanuo šanua, ei go ruohkin ken šīdä päivästä šua häneldä enämbiä küžüö.

XXIII. Piä.

SʻILLOIN Jisus rahvahala i omila opaššetavila nīn pagizi:

2 Moisein šiala istuotšetih kirja-miehet i Fariseit.

3 Kaiki, midä hüö šanotah pidiä, pidäkiä i luadikua, a hïän azeida müöt älgiä luadikua; hüö šanellah, a itše ei luaita.

4 Hüö šivotah ügeidä takkoja i ei kannetavie, i pannah inehmizien olgo-piälöilä, a itše i šormela ei tahota heidä līkutua.

5 Kaiki omat aziet luaitah, ana inehmizet heidä nähtäis. Äijie kannissah omie opaššanda-kirjoja, i šūrekši pannah omien vuatein helmoja.

6 Sʻuvatah enžimäzinä olla stolaša i enžimäzinä rahvahaša,

7 I tervehüzie pihoila, i inehmizet kutšutais heidä " opaštaja, opaštaja".

8 A tüö älgiä nimitiätšekiä opaštajiksi; üksi on tïän opaštaja, Kristos, a tüö kaikin oleta vellekšet.

9 Älgiä go kedä tuatokši kutšukua muala; üksi on tïän tuato, kumbane on taivahaša.

10 Älgiä go nimitiätšekiä mielen-andajiksi; üksi on tīän mielen-andaja, Kristos.

11 S'ūrin teisä kūnnelgah teidä.

12 Ken šūrekši mänöv, tṇnistüv, i ken itšiedä tṇnistäv, liev šūri.

13 Paha teilä, kirja-miehet i Fariseit, vīžahat! tüö šalbualeta taivaš-kuningahušta inehmizien ieštä; tüö että mäne, että go mänijilä anna männä.

14 Paha teilä, kirja-miehet i Fariseit, vīžahat! tüö leškilöien kodiloja šüötä, a rahvahaša pitkie malituloja luveta; žen täh teilä liev vielä vaivembi.

15 Paha teilä, kirja-miehet i Fariseit, vīžahat! tüö meren i muan poiki käveletä, luadie ühtä omakši; a kuin liev, luaita häneštä geennan pojan pahemman teidä.

16 Paha teilä, šogiet mielen-andajat! tüö pagizeta: ken vannuotšov kirikölä, ni mikseh on; a ken vannuotšov kirikö-kullala, že on viärä.

17 Hajutomat i šogiet! mi on šūrembi, kulda go ali kirikö, kumbane kullan svjativ?

18 I ken kuin vannuotšov oltarila, ni mikseh on; a ken vannuotšov lahjala annetula oltarih, že on viärä.

19 Hajutomat i šogiet! mi on šūrembi, lahja go ali oltari, kumbane lahjan sv ativ?

20 Ken vannuotšov oltarila, vannuotšov hänelä i lahjala,

21 I ken vannuotšov kirikölä, vannuotšov hänelä i hänešä eläjälä;

22 I vannuotšija taivahala, vannuotšov jumalan šiala i hänen piülä istujala.

23 Paha tielä, kirja-miehet i Fariseit, vīžahat! tüö annata kümmenennen doljan mjatašta i koprašta i kiminašta, a jättijä kallehimmat zakonaša, toven i hellimizen i vieron; näidä pidi luadie i nīdä ei hülätä.

24 S'ogiet mielen-andajat! tüö ūtata šiäkšilöjä, a verbljūdoja lainuota.

25 Paha teilä, kirja-miehet i Fariseit, vīžahat! tüö piäldä-päin puhaššata jiädie-ašteida i purdiloja, a šiämešä ollah tüüvet varaštamista i valehušta.

26 S'ogie Farisei, puhašša ielä jiädie-aštien i purdilon šiämüštä, ana lietäh i piäldä-päin hüö puhtahat.

27 Paha teilä, kirja-miehet i Fariseit, vīžahat! tüö oleta kuin šomennetut kalma-lauvat, kumbazet piäldäpäin katšuon ollah šomat, a šiämešä ollah tüüvet kuoleien lūda i kaiken-ualasta hapatušta.

28 Nīn i tüö piäldü-päin ožutalietšeta inehmizilä hüvänä, a šiämešä oleta tüüvet vīžahušta i pahua azieda.

XXIII. PIÄ.

29 Paha teilä, kirja-miehet i Fariseit! tüö luaita prorokoien kalma-laudoja, i šomennata oigeien grobnitšoja.

30 I pagizeta: kuin müö olizima mīän izien aigoih, emmä hīän kena tartuis prorokoien vereh.

31 Tädä müöt itše itšen piälä pagizeta, jotto tüö oleta prorokoien tappajien pojat.

32 I tüö luaita tīän izien mitala.

33 Zmeja-mavot, vaškiritšan kannetut! kuin tüö uijita tuli-geennašta?

34 Tämän täh ka mie tüönnän tīän luo prorokat, mielövät i kirja-miehet, i tüö heistä kumbazet tapata i riputata, i kumbazet lüötä tīän kanžoisa, i ajata linnašta linnah,

35 Ana tulov tīän piälä jogo oigie veri kuatu muala, oigien Avelin vereštä Varahein pojan Zaharein vereh šua, kumbazen tüö tappoja kirikön i oltarin välilä.

36 Amin šanon teilä, kaiki nämä tullah tämän rodukunnan piälä.

37 Jerusalima, Jerusalima, prorokoien tappaja i kivilöilä šiun luo tüönnetülöien tappaja! min kerdua mie tahoin kerätä šiun poigie, kuin kana keriäv omie poigie šībilöien alla, i että tahton.

38 Ka tīän kodi jiäv tühjä.

39 S'anon mie teilä, tiäldä šua että milma niä, kuni šanota: hüvin paistu olet, tulija jumalan nimešä.

XXIV. Piä.

I LÄHTEHÜÖ Jīsus aštu kiriköštä päin; i lähendiätšetih hänen luo hänen opaššetavat ožutua hänelä, kuin kirikö luaitu.

2 Jīsus šano heilä: että go tüö niä näidä kaikie? amin šanon teilä, ei jiä tiälä kivi kiven piälä, kumbane ei lienis levitetü.

3 Kuin hiän istu Eleona gorala, lähendiätšetih hänen luo hänen opaššetavat üksiten i paistih: šano meilä, konža tämä tulov, i midä müöt voima tunnuštua šiun tulendua i ijän loppuo?

4 I vaštah heilä šano Jīsus: vardeilietšekiä, ana teidä ken ei muanitais.

5 Äijät tullah miun nimeh paiseša: mie olen Kristos. I äijie muanitetah.

6 Kūluššata torat i torah nähä paginat; katšokua, älgiä pöläštälietšekiä, pidäv kaikela tällä olla, i ei šilloin loppu.

XXIV. PIÄ.

7 Noužov rahvaš rahvahan piälä i mua muan piälä, i lienöv nälgä i šurma i muan šäräjämine paigoin.

8 Kaiki nämä ollah vaivoin algu.

9 S'illoin annetah teidä muokih i tiät tapetah, i kaikela rahvahala tielä lienetä miun nimen täh.

10 I šilloin äijät muanituatšetah, i toine toizen andav, i toine toista rubiev vihuamah.

11 I äijä valehuš-prorokua tullah i äijie muanitetah.

12 I äijän pahan azien täh äijien šovindo kadov.

13 Kon piä šua tirpav, že šäilüv.

14 I šanuotšov tämä taivaš-jovangeli kaikela muailmala, tiedävökši kaikela rahvahala; i šilloin liev ilman loppu.

15 Konža nägenetä hülün paganukšen šanotun prorokašta Daniilašta šeizomaša svjatoila paigala—lugija maltakah—,

16 S'illoin Iudejaša olija puakah gorila.

17 I ken piädünöv katokšela, älgäh lähtekäh ottamah, mi on hänen koisa;

18 I ken pelloša, älgäh müöštiätšekäh järelä ottamah omie vuateida.

19 Paha kohtuzila i lapšien imitäjilä nīnä päivinä.

20 Kumarrelgua, ana tīän pago ei lienis talvela ei go šuovatana.

21 Lienöv šilloin šūri vaiva, mītütä evlun mua-ilman alušta šua täh šua, i ei liene.

22 I kuin ei loppietšetais ne päivät, üksi hengi ei šäilüis; a valituloien täh loppietšetah ne päivät.

23 S'illoin kuin ken teilä šanov " ka tiälä Kristos", ali " tuala", älgiä uškokua.

24 Tullah valehuš-Kristokšet i valehuš-prorokat, i luaitah šūret kuinmat i viüt, äššen muanitetais, kuin vois, i valituloja.

25 Ka ielä šanoin teilä.

26 Kuin šanotah teilä " ka šaloša on", älgiä mängiä, " ka on huonehukšisa", älgiä uškokua.

27 Min tervähüöh tulen räiskü mänöv päiväzen noužu-rannašta lašku-randah, nīn liev inehmizen pojan tulenda.

28 Missä liev hävitüš, šinne līdiätšetäh hṇbiet.

29 Terväh nīen päivien vaivan jälgeh päiväne pimenöv, i kūdomašta ei liene valgieda, i tähet langetah taivahašta, i taivaš-viät līkahetah.

30 I šilloin ožutuatšov taivahaša inehmizen pojan tulenda, i šilloin ruvetah itkömäh kaiken mua-ilman elä-

XXIV. PIÄ.

jät, i nähäh inehmizen poigua tulomaša taivaš-pilvilöilä äijän viän kena i kaunehuon.

31 I tüöndäv omat angelit šūren iänen kena šarvešta, i kerätäh hänen valitut neljästä tūlešta, taivahan piüštä piäh šua.

32 Smokovnitša-pūšta opaštukua arvualla. Konža jo hänen okšat ollah nuoret i lähet laškov, tiedäkiä, läššä on leikavo.

33 Nīn i tüö konža nämä kaiki niätü, tiedäkiä, läššä on, oviloin luona.

34 Amin šanon teilä, ei hävie tämä rodu, kuni kaiki nämä lietäh.

35 Taivaš i mua-ilma häviev, a miun paginat ei hüvitä.

36 I šidä päiviä i kodvua ni ken ei tīä, ei go taivahalizet angelit, vain üksin miun tuato.

37 Kuin oli Nojan päivinä, nīn liev i inehmizen pojan tulenda.

38 Kuin oli ennen upotušta, šüödih i juodih, naidih i miehelä mändih, ših päiväh šua, kuin Noja mäni šūreh veneheže,

39 I ei tīuššetu, kuni vezi ei tullun i kaikie ei ottan; nīn liev i inehmizen pojan tulenda.

40 S'illoin kahen lietäh pelloša; ühen otetah, a toizen jätetäh.

41 Kakši naiz-inehmistä lietäh jauhomaša käzi-kivelä; ühen otetah, a toizen jätetäh.

42 Nīn olgua varuzin, että tüö tīä, kulla kodvala tīän herra tulov.

43 A tämä tiedäkiä, kuin tiedäis koin izändä, kuh aigah varaštaja tulov, jalgazeša olis, i ei andais omua huonehta kaivua.

44 Z'cn täh i tüö olgua valmehet; kuna kodvana että toivo, inehmizen poiga tulov.

45 Ken on toži i mielövä inehmine, kumbazen hänen herra panov oman koin piälä vanhimmakši, andua kodilazila aigah šüömistä?

46 Ožakaš že inehmine, kummasta tulduo herra piävütäv nīn luadimaša.

47 Amin šanon teilä, kaiken oman elon piälä panov hänen.

48 A kuin omala šiämelä pidäv paha inehmine " vīkoin ei tule miun herra",

49 I rubiev lüömäh omie kodilazie, a šüömäh i juomah juomariloien kena,

50 Tulov žen inehmizen herra päivänä, kuna ei toivon, i kodvana, kuna ei tiedän,

51 I kaha hänen halguav i palan häneštä pahojen kena panov; šielä liev itku i hambahila križautamine.

XXV. Piä.

S‛ILLOIN taivaš-kuningahuš nīn liev kuin kümmen tüttüö, kumbazet otetih omat lampuadat i lähteih vaštuamah šulahasta.

2 Vīzi heistä oli mielöviä i vīzi hajutomua.

3 Hajutomat ottahuo omat lampuadat ei otetu itšen kena voida.

4 A mielövät omien lampuadoien kena otetih voida ašteih.

5 Kuin vīkoštu šulahane, unnutih kaikin i uinotih.

6 Keški-üölä luadīh mögü: ka šulahane tulov, mängiä händä vaštuamah.

7 S‛illoin noužtih kaiki ne tütöt i šomennetih omat lampuadat.

8 Hajutomat mielövilä šanotih: andakua meilä tīän voista, mīän lampuadat šammutah.

9 Vaštah šanotih heilä mielövät: ei šovi, kuin meilä i teilä ei täüvü; mängiä parembi müöjien luo i oštakua itšelä.

10 Kuin hüö lähteih oštamah, tuli šulahane, i valmehet mündih hänen kena svuadbah, i šalvatih ovet.

11 A jülgeh tuldyh i toizet tütöt i paistih: hospodi, hospodi, avua meilä.

12 A hiän vaštah heilä šano: amin šanon teilä, en tīä teidä.

13 Nīn olgua varuzin; että tīä päiviä i kodvua, konža inehmizen poiga tulov.

14 Kuin üksi mieš lähtiesä matkah kutšu omat inehmizet, i ando heilä oman elon.

15 I ando kumbazela vīzi talantua, kumbazela kakši, kumbazela ühen, jogohizela vägie müöt, i šidä aigua läksi.

16 Kumbane otti vīzi talantua, mäni, kaupitši heilä, i šai toizet vīzi talantua.

17 Nīn i že, ken kakši otti, šai toizet kakši.

18 A kumbane otti ühen, mändüö kaivo hänen muah, i peiti oman herran hobien.

19 Äijän ajan jälgeh tuli hīän herra, i rubei hīän kena lugietšomah.

20 I tuli, kumbane otti vīzi talantua, i toi toizet vīzi talantua i šano: herra, vīzi talantua šie annoit miula, ka mie heilä šain toizet vīzi talantua.

XXV. PIÄ.

21 Hänen herra šano hänelä: hüvin luait, hüvä i toži inehmine; vähän piälä šeizoit tovela, äijän piälä šiun panen, mäne šiun herran ihaššundah.

22 Tuli i že, kumbane otti kakši talantua, i šano: herra, kakši talantua šie annoit miula, ka toizet kakši talantua mie šain heilä.

23 Hänen herra šano hänelä: hüvin luait, hüvä i toži inehmine; vähän piälä šeizoit tovela, äijän piälä šiun panen, mäne šiun herran ihaššundah.

24 Tuli i že, kumbane otti ühen talantan, i šano; herra, mie tiežin, jotto šie olet paha-šiämine; leikuat, missä et külvän, i kollohat, kunne et andan.

25 I pöläštühüö mänin, peitin šiun talantan muah, i ka šiula šiun oma.

26 Vaštah šano hänelä hänen herra: paha i laiska inehmine, šie tiežit, jotto me leikuan, missä en külvän, i kollohan, kunne en andan;

27 Nīn pidi šiula andua miun hobien kaupitšijilä, i tulduo mie ottaziu oman lizävön kena.

28 Nīn ottakua häneldä talanta i andakua, kellä on kümmenen talantua.

29 Kellä on, šillä annetah, i līakši liev; a kellä ev, šildä i, mi katšuotšov olla, žen otetah.

S. MATVEI.

30 I luogua paha inehmine piätömäh pimieh; šielä liev itku i hambahila križautamine. Tüdä paiseša mögähti: kellä on korvat kūlla, kūlgah.

31 A konža tulov inehmizen poiga omaša kaunehuoša i kaiki svjatoit angelit hänen kena, šilloin istuotšov omala kaunehela šiala.

32 I kerävütäh hänen edeh kaiki rahvahat, i erotav hŕät toine toizešta, kuin paimen erotav lambahat kabrehista.

33 I šeizatav lambahat oigiela puolela itšieda, a kabrehet važamela.

34 S'illoin šanov kuningaš olijila oigiela puolela händä: tulgua, miun tuaton armahat, i ottakua varuššetut teilä kuningahuon ilman alušta šua.

35 Mie nälläššüin, i andoja miula šüvvä; juvva himoti, i tüö miun juotija; vierahala rannala olin i tüö ottija itšen luo;

36 Alašti olin, i tüö vuatitšija; mie läzin i tüö kävelijä miun luo; rauvoisa olin, i tüö tulija miun luo.

37 S'illoin oigiet vaštah šanotah hänelä: hospodi, konža müö näimä šilma nälgähistä i šüötimä, ali juomizen himoša i juotima?

XXV. PIÄ.

38 Konža šilma näimä olomaša vierahala rannala i ottima, ali alašti i vuatitšima?

39 Konža šilma näimä läzijänä ali rauvoisa i tulima šiun luo?

40 I vaštah kuningaš šanov heilä: amin šanon teilä, min tüö luadija ühelä näistä pienistä miun velilöistä, žen miula luadija.

41 S'illoin hiän šanov i olijila važamela puolela händä: mängiä miušta, kirotut, ijin-igäzeh tuleh varuššetuh djuavolila i hänen angeliloila.

42 Mie nälläššüin, i että andan miula šüvvä; juvva himoti, i että juotan milma;

43 Vierahala rannala olin, i että ottan milma; alašti olin, i että vuatitšun milma; läzin i rauvoisa olin, i että tullun miun luo.

44 S'illoin i ne hänelä vaštah šanotah: hospodi, konža müö näimä šilma nälgähizenä ali juomizen himoša ali vierahala rannala ali alašti ali läzijänä ali rauvoisa, i emmä šiula rakaštan?

45 S'illoin šanov heilä: midä tüö että luadin ühelä näistä pienimmistä, šidä miula että luadin.

46 I männäh nämä ijin-igäzeh muokah, a oigiet ijenigäzeh eländäh.

XXVI. Piä.

1 KUIN loppi Jīsus kaiki nämä paginat šano omila opaššetavila:

2 Tīätä tüö, kahen päivän jälgeh liev puaska, i inehmizen poiga liev annetu riputetavakši.

3 S'illoin kerävütih arhereit i kirjamiehet i rahvahan vanhimmat arherein nimie müöt Kaiafan kodih,

4 I pandih muanivola šündü-ruohtinan ottua i tappua.

5 I paistih: ei kallis-päivänä, ana ei lienis rahvahala hoppuo.

6 Kuin oli Jīsus Vifaniaša kibevdünüön Simonan koisa,

7 Tuli hänen luo naine, i hänelä oli jiädie-aštie kallista voidieda, i valeli hänen piän piälä, kuin hiän istu.

8 Nähtüö hänen opaššetavat pahotalietšetih i paistih: min täh tämä ni mistä šüin häviev?

9 Vois tädä voidieda kallehešti müvvä i jagua pakkuojazila.

10 Tīuštahuo Jīsus šano heilä: midä tüö burizeta naista? hiän hüvän azien miun täh luadi.

XXVI. PIÄ.

11 Aino lietäh pakkuojazet tïän kena, a mie en aino liene.

12 Kuadahuo hiän tämän voidien miun hibien piälä kätkietäväkši miun luadi.

13 Amin šanon teilä, missä vain šanotu liev tämä jovangeli kaikela mua-ilmala, šanuotšov i že, min hiän luadi, mainitavakši händä.

14 S'illoin üksi kahešta toista kümmeneštä nimie müöt Iuda Iskariotašta mändüö arhereiloien luo

15 S'ano: min tahota miula andua, i mie teilä käzilä hänen annan?—A hüö pandih hänelä kolme kümmendä hobiesta.

16 I šīdä šua etši hiän välliä, kuin händä andua.

17 Enžimäzenä rieška-šüöndä-päivänä lähendiätšetih šündü-ruohtinan luo opaššetavat i šanotih hänelä: missä tahot valmissama müö šiula šüvvä puaskan?

18 I hiän šano: mängiä linnah žen-muozen luo i šanokua hänelä: opaštaja pagizov: miun aiga läheni; šiun luona mie luain puaskan miun opaššetavien kena.

19 I luaitih opaššetavat, kuin käški heilä Jīsus, i valmissetih puaskan.

20 Illala illasti hiän kahen toista kümmenen opaššetavan kena.

21 I šüvvešä heilä šano: amin šanon teilä, üksi teistä miun andav.

22 I ülen tuškevdunuot ruvetih jogohine hänelä pagizomah: jotto go mie olen, hospodi?

23 A hiän vaštah šano: ken miun kena painaldalov kiälä šuola-vakkah, že miun andav.

24 Inehmizen poiga mänöv, kuin on häneh nähä kirjotetu, a paha šillä inehmizelä, kenen tuatši inehmizen poiga anduatšov; parembi ois hänelä, kuin ei ois šündün že inehmine.

25 Vaštah šano hänelä Iuda, hänen andaja: jotto go mie olen, ravvi?—Hiän šano hänelä: šie šanoit.

26 Kuin šüödih hüö, otti leivün i ristihüö katko i andali opaššetavila i šano: ottakua, šüögiä; tämä on miun hibie.

27 I ottahuo maljan i luadihuo kītokšen ando heilä paiseša: juogua häneštä kaikin;

28 Tämä on miun veri üven vakuššannan, kumbane üijien täh om valumaša riähkien jättimizeh.

29 S'anon mie teilä, ei šua miula enämbi juvva täštä eineheštä ših päiväh šua, konža juon tīün kena üvešta miun tuaton kuningahuoša.

30 I laulahuo lähteih Eleona gorah.

XXVI. PIÄ.

31 S'illoin šano heilä Jīsus: kaikin tüö hülgiätä milma tänä üönä; kirjotetu on: ailaššan paimenda i leviev lambahien karja.

32 Kuin virguon, ielä teidä lienen Galilejaša.

33 Vaštah šano hänelä Pedri: kuin i kaikin šilma hülätäis, a mie šilma ni konža en hülgiä.

34 Jīsus šano hänelä: amin šanon teilä, tänä üönä, ielä kukon lauluo kolmitši miušta periätšet.

35 S'ano hänelä Pedri: kuin lienis miula i kuolla šiun kena, en periätše šiušta. Nīn i kaikin opaššetavat šanotih.

36 S'illoin tuli hīän kena Jīsus külüh nimie müöt Gefsimaniah i šano opaššetavila: istukua tiälä, kuni mie mändüö kumardelen šielä.

37 I ottahuo Pedrin i molemmat Zevedein pojat rubei igävöimäh i tuškuatšomah.

38 S'illoin šano heilä Jīsus: tuššaša on miun hengi šurmah šua; vuotakua tüö tiälä i olgua miun kena jalgazeša.

39 I ei edäh mändüö langei muala i kumardeli paiseša: tuato miun, kuin voinov, miun šīritši mängäh tämä malja, a tuaš ei nīn, kui mie tahon, a kuin šie tahot.

40 I tulduo opaššetavien luo hiän ühiti hīät magua-

maša, i šano Pedrilä: nīn go tüö että voinut ühtä kodvua miun kena jalgazeša olla?

41 Olgua jalgazeša i kumarrelgua, kuin että mänis pahah! mieli on urhaka, da hibie viätöin.

42 Vielä toizen kerran mändüö hiän kumardeli paiseša: miun tuato, kuin ei voine tämä malja miušta šīritši männä miun juomata, liekäh šiun vüllä.

43. I tulduo piävüti hīät tuaš maguamaša; hīän šilmät oldih undunuot.

44 I jättähüö hīät vielä kolmannen kerran mäni, kumardeli i nīnže pagizi.

45 S'illoin tuli omien opaššetavien luo i šano heilä: muakua jülitšekši i lebiätšekiä! ka läheni kodva, i inehmizen poiga anduatšov riähkühizien käzih.

46 Noužkua, lähemä; ka läheni miun andaja.

47 I kuin vielä hiän pagizi, ka Iuda, üksi kahešta toista kümmeneštä tuli i hänen kena äijä rahvašta keihien kena i kangiloien kena arhereiloista i rahvahan vanhimmista.

48 Hänen andaja ieldä-päin šano heilä: kellä mie šūda annan, že i on; ottakua händä.

49 I šidä kerdua lähendiätšehüö šündü-ruohtinan luo šano: terveh, ravvi.—I šūda hänelä ando.

50 Jīsus šano hänelä: veli, min täh šie tulit tänne?

XXVI. PIÄ.

—S'illoin lähendiätšehüö tartutih käzin šündü-ruohtinah, i otetih hänen.

51 I ka üksi hänen kena olijista oiendi kiät, koppai oman veitšen i ožai arherein inehmistä i leikai häneldä korvan.

52 S'illoin šano hänelä Jīsus: pane järelä huodrah oma voitše; kaikin veitšen ottajat veitšelä i hüvitäh.

53 Ali piet mielešä, jotto mie en voi pakota miun tuatošta, i tüöndäv hiän miula enämmän mi kakši toista kümmendä legeonua angelie?

54 Kuin bua liev kirjotukšie müöt, jotto nīn pidäv olla?

55 S'īnä kodvana šano Jīsus rahvahala: razboiniekan go piälä tulija keihien i kangiloien kena milma ottamah? Jogo päiviä tīän luona issuin i opaššin kirikösä, i että ottan milma.

56 Tümä kaiki tuli, ana liev prorokoien kirjotukšie müöt. S'illoin kaikin opaššetavat jättähüö hänen, puatih.

57 A salduatat ottahuo šündü-ruohtinan šuatetih hünen Kaiafan arherein luo, kunne oldih kerävdünüöt kirja-miehet i vanhimmat.

58 A Pedri edähäkäli aštu hänen jülesti arherein

huonehize šua; i mändüö šiümeh istu arherein inehmizien kena, i katšo, millä loppietšov.

59 Arhereit i vanhimmat i kaikin etšitih valehuš-paginua šündü-ruohtinan piälä, kuin vois tappua händä.

60 I ei voidu löüdiä. I äijä valehuš-nägijiä tuldih, i ei voidu löüdiä; jälgl-perilä tuldih kakši valehuš-nägijiä,

61 I šanotih: tämä pagizi: mie voin jumalan kirikön levitiä i kolmeša päiväšä šeizatua.

62 I noužtuo arherei šano hänelä: et go ni midä heilä vaštah pagize? midä nämä šiun piälä paisah?

63 A Jīsus iünetä oli. I šano hänelä arherei: elävälä jumala šilma vannotan šanuo meilä, kuin šie olet Kristos, jumalan poiga.

64 Jīsus šano hänelä: šie šanoit. Da i mie šanon teilä, tiäldä šua niätä inehmizen poigua istumaša oigiela puolela vägie i tulomaša taivaš pilvilöilä.

65 S'illoin arherei reviti itšen piäldä vuatiet paiseša: hiän korondua pagizi, midä vielä etšimä nägijie? ka nüten kūlija hänen koronnan.

66 Midä tüö šanota?—A hüö vaštah šanotih: šurmala on viärä.

XXVI. PIÄ.

67 S'illoin šülgietih hänelä nägöh, i nägöh händä lüödih, a muvenet korva-jüreh händä peretih,

68 Paiseša: šano meilä, Kristos, ken šilma pergav?

69 A Pedri ulguona istu tanhuola, i tuli hänen luo üksi arherein naiz-inehmine i šano: i šie olit Galilejašta Jīsusan kena.

70 A hiän kaikien aigana periätšīh i šano: en tīä mie, midä šie pagizet.

71 Kuin jo oli hiän oviloin luona, nägi händä toine i pagizi šīnä olijila: i tämä oli Nazorejan Jīsusan kena.

72 I tuaš periätšīh vannuotšennan kena, jotto en tīä mieštä.

73 Vähän jälgeh tuldih šīnä šeizojat i paistih Pedrilä: tovošta i šie heistä olet; šiun paginat šilma ožutetah.

74 S'illoin rubei hiän vannuotšomah i jumalah mänömäh, jotto en tīä mieštä.—I šidä kerdua rubei kukko laulamah.

75 I muissuti Pedri šündü-ruohtinan paginat hänelä šanotut "ielä, kuni kukko ei rubie laulamah, kolmitši periätšet miušta"; i lähtehüö pois ülen üijäldi itki.

XXVII. Piä.

HUOMENEKS'ELA keškenä pandih kaikin arhereit i rahvahan vanhimmat šündü-ruohtinah nähä, jotto händä tappua.

2 I šidohuo hänen šuatetih i annetih vanhimmala Pontiskoila Pilatala.

3 S'illoin, kuin nägi Iuda, hänen andaja, jotto hänen viäritetih, tuli hänelä ülen paha-mielešti; i ando järelä kolme kümmendä hobiesta arhereiloila i vanhemmila,

4 Paiseša: riähkih kavoin, annoin teilä oigien veren.—A hüö šanotih: mi meilä? šie niät.

5 I luoduo kiriköšü hobiezet pois läksi, i mändüö riputīh.

6 A arhereit ottahuo hobiezet paistih: ei šovi heidä panna kiriköh; ollah veren hinda.

7 I keškenä paistih oštua nīlä padaniekan pellon kätetäväkši vierahan rannan rahvašta.

8 Tämän täh že peldo tüh šua kutšuotšov veri-pellokši.

9 Tuli šilloin Jeremein prorokan šanala, kuin hiän

XXVII. PIÄ.

šano: i otetih kolme kümmendä hobiesta, hinnan kaupatušta, kumbazen kaupatih Izruaelin pojista;

10 I annetih hṙät padaniekan pellošta, kuin šano miula jumala.

11 Jīsus šeizatīh vanhimman edeh; i küžü häneldä vanhin paiseša: šie go olet Iudejoin kuningaš?—Jīsus šano hänelä: šie šanoit.

12 I kuin paistih hänen piälä arhereit i vanhimmat, ni midä ei vaššuštan.

13 S'illoin šano hänelä Pilata: et go šie kūle, midä nämä šiun piälä paisah?

14 I ei vaššuštan hänelä ühtü šanua, ätten ülen äijäldi dīvuolietšīh vanhin.

15 Aino kallis-päivänä oli vanhimmala taba, laškie rahvahala ühtü šivotuo, kummasta tahotih.

16 Oli šilloin šivokšisa ei hüvä mieš nimie müöt Varavva.

17 Kuin hüö kerävütih, šano heilä Pilata: kummasta tahota kahešta laššen teilä, Varavvua go ali Jīsusua, kummasta kutšutah toizin Kristos?

18 Hiän tiedi, jotto vihua müöt hänen annetih.

19 Kuin šielä vannoti hiän, hänen naine tüöndi hänen luo šanuo: älä voi šie tartuo täh oigieh; mie äijän vaivuatšin nüt unisa hänen täh.

S. MATVEI.

20 A arhereit i vanhimmat kuhjutetih rahvahan pakota Varavvua, a Jīsusua hävitiä.

21 I küžü heildä vanhin: kedä tahota kahešta laššen teilä?—A hüö šanotih: Varavvua.

22 S'ano heilä Pilata: nīn mi miula luadie Jīsusala, kummasta toizin kutšutah Kristos?—Kaikin šanotih hänelä: liekah riputetu.

23 A vanhin šano: min hiün pahan luadi?—A hüö enämmäldi möistih paiseša: liekah riputetu.

24 Nühtüö Pilata, jotto ei voi autua, a vain enämbi mögü noužov, ottahuo vettä pezi omic käzie rahvahan iešä paiseša: mie olen oigie tümän oigien vercštä; tüo niätä.

25 I vaštah kaiki rahvaš šanotih: olgah hänen veri mīän piälä i mīän lapšien piälä.

26 S'illoin laški heilä Varavvan, a Jīsusan lüödüö ando heilä riputetavakši.

27 S'illoin vanhimman salduatat ottahuo Jīsusan šuatetih sūdu-paikah, i äijä salduatua kerävütih hänen ümbäri.

28 I heitähüö hänen piäldä vuatiet šuoritetih ruššopah vuatieh;

29 I punohuo ventšan kukko-pūšta pandih piäh hänelä, i šauvan annetih oigieh kädeh; i heitiätšehüö hü-

nen edeli polvuzin, nagrotalietšetih paiseša: terveh, Iudejoin kuningaš.

30 I šülgehüö hänen piälä otetih šauvan i lüödih händä piüdä vaš.

31 I kuin jo nagrotalietšetih, heitetih hänen piäldä ruššopan vuatien i šuoritetih hänen omih vuateih, i šuatetih hänen riputetavakši.

32 Lähtehüö piävütetih mieštä Kirenejašta, nimie müöt Simonua, i žen ahissetih kandua hänen ristie.

33 I tulduo paigala nimie müöt Golgofala, mi šanuotšov otša-paika,

34 Annetih hänelä juvva muigieda juomista šapen kena ševotetuo; i ottali, i ei ruven juomah.

35 Hänen riputajat juatih hänen vuatiet luoduo arbah.

36 I istuosa vardeidih šielä händä.

37 I peietih hänen piän piälä kirjotetun hänen viärüön: tämä on Jīsus, Iudejoin kuningaš.

38 S'illoin riputetih hänen kena kakši razboiniekua, ühen oigiela puolela, toizen važamela.

39 S'īritši kävelijät haukutih händä lekutuasa omila piälöilä,

40 I paiseša: kirikön levitäjä i kolmena päivänä šei-

zataja, piäže itše! kuin olet jumalan poiga, lähe rissildä.

41 Nīn i arhereit haukuosa kirja-miehien kena i vanhembien kena i Farisejoin kena paistih:

42 Muida šäilüti, itšiedä go ei voi šäilütiä? kui ollov Izruaelin kuningaš, lähkäh nüt rissildä i uššoma hänelä.

43 Uššaldīh jumalah, nüt hiän piäštäkäh hänen, kuin tahtonov hänelä; hiän šano: mie olen jumalan poiga.

44 Nīn i razboiniekat hänen kena riputetut haukutih händä.

45 Kūvenešta kodvašta pimie oli kaikela muala ühekšändeh kodvah šua.

46 Ühekšändenä kodvana mögähti Jīsus korgiela iänelä paiseša: Ili, ili! lima savahfani? Mi on: miun jumala, miun jumala! min täh miun jätit?

47 I muvenet šīnä šeizojista kūlduo paistih: Iljua tämä kutšuv.

48 I terväzeh üksi heistä mäni i otti pakkulin i täüvütähüö muigiela juomizela i pisütähüö šalvala juotali händä.

49 A toizet paistih: älä košše, ana niämä, kuin tulov Ilja piäštämäh händä.

XXVII. PIÄ.

50 Jīsus vielä mögähti korgiela iänelä i laški hengen.

51 I ka vuatie kirikön oviloisa rebīh kahekši ülizeštä piäštä alizeh, i mua šärävdü i kivet halgieldih.

52 I kalmat avavutih i äijä kuolluta svjatoida noužtih;

53 I lähtehüö kalmoista hänen vironnan jälgeh mändih svjatoih linnah i äijilä ožutuatšetih.

54 A šuan miehen piälä vanhin i hänen kena, ket vardeidih šündü-ruohtinua, nähtüö muan šäräjännän i kaiki ülen pöläššütih i paistih: tovešta tämä oli jumalan poiga.

55 Oldih šīnä i äijä naiz-inehmistä, kumbazet edähädä katšotih, i kumbazet šündü-ruohtinan jälesti Galilejašta aššutih i hänelä rakaššetih.

56 Nīsä oli Magdalina Muarie i Juakovan i Josein muamo Muarie i Zevedein poigien muamo.

57 Jo müögä tuli elokaš mieš Arimafejašta, nimie müöt Osipa, kumbane i itše opaštu šündü-ruohtinašta.

58 Tämä tulduo Pilatan luo pakkoi šündü-ruohtinan hibiedä; šilloin käški Pilata andua hibien.

59 I ottahuo Osipa hibien kiäri hänen puhtahala šollela.

60 I pani hänen omah ūdeh kalmah, kumbane oli

luaitu kivešä; i panduo šüren kiven kalman šüh pois läksi.

61 Oli šinä Magdalina Muarie i toine Muarie, i issutih kalman kohaša.

62 Toisa püivänä, vieneštä päivästä, kerävütih arhereit i Fariseit Pilatan luo,

63 I paistih: herra, müö muissutima, že muanitaja vielä eloša olduo pagizi: kolmen päivün jülgeh virguon.

64 Nin käšše luendua kalmua kolmandeh päiväh šua, ana ei viedäis hänen tulduo hänen opaššetavat üölä i šauotais rahvahala, virgoi kuoleista, i lienis jälgimäne valehuš pahembi enžimäštä.

65 I Pilata šano heilä: on teilä vardeitšijat; mängiä, luendakua, kuin tiütä.

66 I hüö mändüö luennetih kalman, i petšatoiduo kiven pandih vardeitšijat.

XXVIII. Piä.

S'UOVATAN illan jülgeh, kuin rubei valguomah enžimäzenä päivänä šuavatoista, tuli Magdalina Muarie i toine Muarie kalmua katšomah.

2 I ka lieni šüri muan šärüjämine; jumalan angeli

tuli taivahašta, i tulduo lükküi kiven kalman šūšta i istu hänen piülä.

3 Hänen nägö oli kuin tulen räiskü, i hänen vuatie kuin lumi.

4 Pöläštühüö händä šärävütih vardeitšijat, i oldih kuin kuoliet.

5 I angeli šano naizila: älgiä varakua. Tīän mie, Jīsusua riputetuo etšitä.

6 Evle tiälä, nouži, kuin šano; tulgua, katšokua šiua, missä venü hospodi.

7 I tervüh mängiä, šanokua hänen opaššetavila, jotto nouži kuoleista; i ka ennetäv teidä Galilejaša, šielä hän dä niätä. Ka mie šanoin teilä.

8 I rutuldi lähtehüö hüö kalman luoda varaten i üijäldi ihaštunuona, kīrehetih šanomah hänen opaššetavila.

9 I kuin aššutih šanomah hänen opaššetavila, ka Jīsus vaštah tuli heilä paiseša: tervch. — I hüö lähendiütšehüö kabutih hänen jalat i kumarduatšetih hänelä.

10 S'illoin šano heilä Jīsus: älgiä varakua! mängiä, šanokua miun vellekšilä, ana münnäh Galilejah, i šielä milma nähäh.

11 Kuin hüö aššutih, ka muvenet vardeitšijista tulduo linnah šanotih arhereiloila kaiki, mi oli.

S. MATVEI.

12 I hüö kerävdühüö vanhimbien kena keškenä pandih andua salduatoila vägi üijün hobiezie,

13 I paistih: šanokua, jotto hänen opaššetavat tulduo üölä mīän magavo-aigana hänen viedih.

14 I kuin kūluštanov tämän vanhin, müö hänen löüvämä i tīät huoleta luaima.

15 A hüö ottahuo hobiezet luaitih nīn, kuin heilä neuvotih; i kūlovila lieni tämä pagina Iudejoisa tüh päiväh šua.

16 A üksi toista kümmendä opaššetavua aššutih Galilejah, gorah, kunne küški hänelä Jīsus.

17 I nähtüö händä kumarduatšetih hänelä; a muvenet ci uššotu.

18 I lähendiätšehüö Jīsus šano heilä: miula on annetu kaiki valda taivahaša i muala.

19 Nīn mängiä, opaštakua kaikie rahvašta, rissitiäsä heidä tuaton i pojan i pühä-hengen nimeh,

20 I opaštakua heidä luadie kaikie, mi mie teilä käšsin; i ka mie olen tīän kena kaikina päivinä ijän loppuh šua. Amin.

www.ingramcontent.com/pod-product-compliance
Lightning Source LLC
Chambersburg PA
CBHW020135170426
43199CB00010B/760